Depois de **21** anos, **seis** inseminações, **três** fertilizações...
ENFIM, GRÁVIDOS!

Hamilton dos Santos

Depois de **21** anos, **seis** inseminações, **três** fertilizações...
ENFIM, GRÁVIDOS!

CIP-BRASIL. CATALOGAÇÃO-NA-FONTE
SINDICATO NACIONAL DOS EDITORES DE LIVROS, RJ.

S235e
Santos, Hamilton dos
  Enfim, grávidos!: depois de 21 anos, seis inseminações, três fertilizações / Hamilton dos Santos. — Rio de Janeiro: BestSeller, 2011.

ISBN 978-85-7684-494-5

1. Gravidez. 2. Gravidez — Aspectos psicológicos. 3. Maternidade. 4. Paternidade. 5. Fecundidade. 6. Infecundidade. I. Título.

11-3129
CDD: 618.2
CDU: 618.2-083

Texto revisado segundo o novo Acordo Ortográfico da Língua Portuguesa.

Título original
ENFIM, GRÁVIDOS
Copyright © 2011 by Hamilton Fernando dos Santos

Capa: Elmo Rosa
Editoração eletrônica: FA Editoração
Imagem de capa: Jamie Grill, Getty Images
Fotos da quarta capa e da orelha: Lidiane Lopez

Todos os direitos reservados. Proibida a reprodução,
no todo ou em parte, sem autorização prévia por escrito da editora,
sejam quais forem os meios empregados.

Direitos exclusivos de publicação em língua portuguesa para o Brasil
adquiridos pela
EDITORA BEST SELLER LTDA.
Rua Argentina, 171, parte, São Cristóvão
Rio de Janeiro, RJ – 20921-380
que se reserva a propriedade literária desta tradução.

Impresso no Brasil

ISBN 978-85-7684-494-5

Seja um leitor preferencial Record.
Cadastre-se e receba informações sobre nossos lançamentos
e nossas promoções.

Atendimento e venda direta ao leitor:
mdireto@record.com.br ou (21) 2585-2002

Para o Dr. Luiz Fernando Bellintani

Acaso? Destino? Ou simplesmente matemática, um exemplo vivo de teoria da probabilidade? Não importa o nome que se dê a esses eventos. A vida é cheia deles.

PAUL AUSTER

Sumário

Apresentação — 13

Por que levamos 21 anos para engravidar? — 19
As receitas para fazer e criar bebês I:
  como fazê-los? — 22
Agora eu posso adotar em paz — 24
O Big Ben e os espermatozoides enceradeiras — 28
Dentro de um filme do Almodóvar — 31
É bom ser pai? — 32
A privacidade do bebê — 38
As cenas e o cenário — 40
A indústria do bebê — 44
Moda para gestantes — 47
Aquele episódio dos "folículos vazios" — 48
O custo das tentativas — 50
Ainda tonta do que houvera... — 53
Ouvindo Oasis no carro — 55
Um minúsculo pontinho branco... — 57
Enfim, grávidos! — 59

Posição de boxeador	61
Tensão e alívio	64
O assalto	66
O pomo — quer dizer, as meias — da discórdia	72
Filho da farmacologia, da disciplina e, é claro, de Deus	75
Sete meses no DVD	78
Teleton, Manoel Carlos e as emoções à flor da pele	81
O necessário, o útil, o bom e o "...ah, que gracinha!"	83
Música para a maternidade	87
O nascimento	89
Enfim, pais! Ou o poeminha de um neófito	91
Em casa, uma *rave*	93
Paternidade, produtividade e empreendedorismo	95
Enquanto ele dorme	97
Pegar logo ou deixar chorar um pouco?	100
Estenose de JUP ou refluxo urinário? Beethoven e Casuarina?	102
O medo de errar	106

As receitas para fazer e criar bebês II: como criá-los?	108
O mundo, os EUA e eu estamos nos infantilizando	110
Ele ri de tudo. Inclusive de mim!	112
A doce vida pagã do Pequeno Boxeador	114
O nome composto	116
Duas jaboticabas viram o mar	118
De pai para pai	120
Um dia perfeito	122
Twitter, dentes querendo irromper nas gengivas e o gato que não para de rir	125
Filho, você gosta mais do papai ou da mamãe?	127
A favor do Brasil, mas contra as vuvuzelas	129
As imperfeições do dia a dia	131
Locais para tratamentos	134
Glossário	139

Apresentação

Entramos no centro cirúrgico minutos antes das 23 horas. Tudo aconteceu rápida, assustadora e magicamente. Era dia 18, em dezembro de 2009. Um dia muito especial, exatamente no mês das datas especiais! Depois de 21 anos, finalmente estávamos realizando o sonho que por tanto tempo ocupou os nossos corações, agitou as nossas mentes e, sim, afetou os nossos bolsos. Mas a única coisa que contava naquele instante era o fato de que estávamos tendo uma nova e raríssima oportunidade de reinventar nossas vidas.

Sim, era uma epifania. Uma entropia: o desejo, o sonho, os medos, as inseguranças, as certezas, a fé, a falta dela, a ansiedade, o desconhecimento, os preconceitos, uma certa vergonha (não estávamos meio velhos para tudo isso?), a timidez, a euforia, o despredimento, a extroversão, a contradição. Sim, tudo isso em um só momento, todos esses ingredientes sintetizados em um único átimo.

Tudo entrelaçado complexa e lindamente, como se entrelaçam os acordes do sambinha maroto do Casuarina ou das notas meio proféticas das sonatas de Beethoven.

Às 23h44, o incansável e extraordinário Dr. Luiz olhou para mim, do fundo de seus óculos de grau, atrás da máscara cirúrgica, e disse:

— Quer ver a chegada do rapaz?

Sem saber direito o que responder — eu estava naturalmente *numb* —, saí de detrás do manto verde que separava a cabeça do abdômen de Magie. E... enfim, presenciei o milagre. Milagre não é bem a palavra; mais apropriado talvez fosse dizer o Big Bang.

Era ele!

Com 51 cm e 3,7kg, João Pedro, o Pequeno Boxeador, como já era conhecido na internet, finalmente resolvera abandonar o conforto do líquido amniótico para se juntar a nós.

Era ele!

JP, a quem, dias depois, eu passaria a ninar ao som do Casuarina, das sonatas de Beethoven, dos divertimentos de Mozart e até das baladas anacrônicas do Dire Straits e do Eco and The Bannymen.

Notas acerca da paternidade

O livro que você está começando a ler é filho legítimo dos posts de um blog que mantenho no site www.bebe.com.br desde os quatro meses da nossa gravidez. Foi nesse blog que contei a maior parte das histórias que você vai ler. Foi lá que registrei os fatos e deixei as minhas impressões sobre os acontecimentos. Conversei com leitoras, leitores. Troquei informações importantes. Fiz amigos. Fiz jornalismo. Fiz pseudopoesia. Fiz literatura barata. Fiz psicologia infantil de botequim. Foi lá que falei demais, intrometi-me na privacidade e intimidade do meu filho. Foi lá que falei de menos, colocando, às vezes, um certo freio nos sentimentos.

Lá nasceu este livro.

OK. Deixa eu contar direito. Em 2009, com a gravidez da Magie, depois de anos ziguezagueantes no desejo, na dúvida e na tentativa de ter filhos (simplesmente seis inseminações e três fertilizações *in vitro*), comecei, relutantemente, a escrever um blog. Eu, que não escrevia regularmente para um veículo havia anos, vi-me de volta ao jornalismo em uma publicação absolutamente insuspeitada: um site especializado no universo dos bebês e tudo o que os cerca.

Os posts, escritos sempre em tom de crônica, a maioria com referências explícitas à minha biografia e à biografia autorizada da minha mulher, abordavam questões ligadas à paternidade e, sobretudo, à não paternidade. Continham relatos pessoais (coisas que eu e Magie já tínhamos vivido ou ainda estávamos vivendo), mas também reflexões e dicas sobre querer/ter um filho, reprodução assistida, gravidez, parto, relação pai-mãe-bebê, cuidados com o bebê e um mundo de outros assuntos que, de uma forma ou de outra, giram em torno do "ser" pai/mãe, antes e depois do filho "pular" da barriga. Especialmente, os posts partiam de memórias, sensações, desejos e dúvidas vividamente particulares; eram o meu testemunho sobre paternidade, minha "auto*bebê*ografia" — isso mesmo, por mais infame que seja a expressão, ela descreve bem o que é este livro. E, assim, eram um "contar a nossa história, refletindo" ou um "refletir, contando a nossa história".

Como permitem a estrutura e a forma dos blogs, registrei periodicamente notícias sobre a gravidez da Magie e, depois, sobre o parto e o nascimento do João Pedro. É interessante observar que a linguagem dos blogs solicita um tipo de comunicação que foge da rigidez: deixa o leitor interessado muito próximo do assunto interessante, além de ampliar as possibilidades de diálogo entre o autor e os leitores. Às vezes, você quer ir para um lado, mas a constante e bem-vinda intromissão do leitor faz você ir para outro. No meu blog, a oportunidade dos leitores deixarem comentários, por exemplo, promoveu certa definição temática... e eu fui escrevendo, escrevendo.

Depois do nascimento do João Pedro, alguém disse:

— Publica, Hamilton! Transforma o blog em livro!

E aí eu percebi que aqueles textos, se melhorados, poderiam ser interessantes para alguém, em algum lugar, como já sinalizavam os comentários dos leitores no blog. Afinal, essa história de passar toda uma vida tentando ter um filho sem saber se as tentativas vão vingar ou não é muito mais comum do que supunha a vã filosofia minha e da Magie. E o mais interessante é que, embora comum, essa história, vivida por muitos casais — muitas vezes sôfrega e silenciosamente —, nunca tem o mesmo desfecho. Por isso, decidimos compartilhar a nossa experiência.

Há inúmeras pessoas a quem gostaria de agradecer, tanto aquelas que fizeram parte das nossas vidas ao longo dos 21 anos em que estamos juntos quanto as que incentivaram a publicação do blog e, consequentemente, deste livro. A lista seria imensa, mas faço questão de agradecer nominalmente à Ana Holanda, editora do www.bebe.com.br, pelo carinho com que sempre tratou os meus posts; à Lucia Helena, jornalista e diretora de redação da revista *Saúde!* — da qual o site é um filhote —, que teve a ideia do blog e me convidou para escrevê-lo. Também gostaria de registrar minha gratidão ao Eziel Belaparte Percino, brilhante mestrando em Letras, que ajudou a dar forma mais consistente a estes meus fragmentos digitais.

Finalmente, meu muito obrigado à Magie pelo amor e pela dedicação de todos esses anos. O Pequeno Boxeador é, definitivamente, um garoto de sorte: tem uma mãe incrível.

Por que levamos 21 anos para engravidar?

Afinal de contas, por que eu e a Magie (embora eu não use o duplo g, pronuncia-se Méguie) levamos tanto tempo para engravidar? Na verdade, ao longo dos nossos 21 anos de casamento, engravidamos algumas vezes. A primeira vez aconteceu seis meses depois do casamento, em 1988. Não foi planejado: aconteceu. Ficamos muito felizes. Grávidos! Mas não vingou: um aborto natural ocorreu aos dois meses e meio de gestação. E aí ficamos muito infelizes. Resolvemos dar um tempo, cuidar da nossa formação, da carreira. Afinal, a "natureza", apesar do tranco que acabara de nos dar, estava totalmente a nosso favor: éramos jovens, tínhamos todo o tempo do mundo, e os exames de fertilidade apontavam que estávamos bem. Tudo não passara de um pequeno percalço. Doamos, então, as poucas roupinhas que já havíamos comprado ou ganhado, e seguimos em frente.

À época, eu estava com 26 anos e a Magie, com 23. Formação, carreira, as crises conjugais de praxe, os anticoncepcionais, paixão que se arrefecia, amor que se solidificava, instabilidade de toda sorte... O tempo passou. De repente, vimos que eu estava entrando nos 40 e ela já superara os 35.

"What you get married for if you don't want children?" O verso de T. S. Eliot passou a martelar em nossos ouvidos (está no poema *The Waste Land*, no trecho intitulado "A Game of Chess"). Vizinhos, parentes, amigos e nós mesmos patinhávamos na mesma pergunta: "What you get married for if you don't want children?" (traduzindo: Por que se casou, se não quer filhos?). Filosofando com os próprios botões ou nas conversas miúdas, deparávamos com a ladainha daquele "por que... se..." do verso do Eliot, feito os antigos discos de vinil riscados. Perambulávamos no aqui/agora da existência ou vasculhávamos os anos passados, tentando talvez montar o quebra-cabeça do tempo, tim-tim por tim-tim. E a questão se tornava cada vez mais musicada, como marchinha tardia, já na quarta-feira de cinzas, depois de um morno carnaval. É claro que o verso do poema sombrio e labiríntico do Eliot não ensina "verdades" sobre casamento e filhos, tampouco revela o caminho das pedras (poema não é manual de celular): o que está em jogo é a possibilidade de refletirmos sobre as coisas que de alguma forma se relacionam com o sentido da existência — o que, naquele momento, persistindo, de uma forma ou de outra, em nós mesmos ou na boca e nos olhos de familiares e amigos, trazia à superfície um assunto importante.

Bem, não é que não quiséssemos filhos. Eles apenas não "aconteciam". Aliás, aproveitando o "momento inspiração" de referências literárias, posso dizer que, se o famoso monólogo de Hamlet aponta "To be or not to be: that is the question", nossos monólogos sobre filhos eram "Acontecer ou não acontecer — essa é a questão!" E se não aconteciam, não aconteciam por quê?

Foi a essa altura das coisas que recorremos à reprodução assistida. Colocamos a formação de nossa prole nas competentes mãos do Dr. Luiz Fernando Bellintani. Dezenas de coitos programados, seis inseminações artificiais, duas fertilizações *in vitro*, uma considerável quantia em reais, três gestações fracassadas e... nada da prole vir. E o tempo, como qualquer um pode facilmente observar, não para.

Essa história toda eu vou contar aqui, aos poucos, pois sei que você, leitor, está curioso. Mas também, considerando que este livro tem perfil de crônica e opinião, quero refletir, ao longo dos capítulos, sobre algumas questões relativas à paternidade, da gestação à educação de filhos, da forma mais simples e abrangente possível, o que poderá ser útil para alguns leitores.

As receitas para fazer e criar bebês I: como fazê-los?

Como fazer bebês é o título em português de uma produção inglesa muito divertida e bem-feita chamada originalmente *Maybe Baby*. É um filminho de 2003, mas sua atualidade é flagrante. Tem 104 minutos. Dá para dar boas risadas. Sim, é uma comédia, mas daquelas que muitas vezes nos leva a rir só para não chorar.

O filme conta a história de Sam e Lucy, um casal que se descobre infértil, apesar da aparente normalidade de seus exames de fertilidade. Depois de tentarem de tudo, o que inclui fazer amor em campos magnetizados, ouvindo música *new age* ou comendo comida macrobiótica, partem para a famosa FIV (Fertilização *In Vitro*). Até aí, nada demais: apenas o drama costumeiro pelo qual passam os casais que têm dificuldade de engravidar. A coisa começa a ficar irresistível à medida que a luta do casal para conceber uma vida vai se contrapondo aos discursos sarcásticos de uma série de personagens feitas sob medida para representar certa decadência do estilo de vida europeu em pleno começo de século XXI. A juventude londrina que, segundo um desses personagens, só tem talento para consumir drogas; os médicos, que perderam um pouco da sua autoridade para o Google (imagine, o médico do casal é representado por ninguém menos do que Rowan Atkinson, o Mr. Bean); mulheres de turbante, que levam marmitas de comida macrobiótica quando vão jantar na casa de amigos...

No fundo, o que Ben Elton, diretor do filme, parece querer dizer é o seguinte: "Olha, se a gente realmente prestar atenção ao que se passa ao nosso redor, a ideia e o desejo de ter filhos não resiste muito tempo." Será?

Agora eu posso adotar em paz

Quando estamos tratando de gravidez tardia, isto é, de gravidez depois dos 38/39 anos, quase sempre despertamos nos leitores dois tipos de curiosidade: primeiro, saber quais são hoje os recursos disponíveis, as possibilidades científicas e os custos para quem deseja ter filhos depois do "período convencional", saber como é o processo, quais são os dados e os mecanismos de termos como "fertilidade/infertilidade", "espermograma", "análise genética", "inseminação", "fertilização *in vitro*" etc.; segundo, saber por que muitos casais, mesmo após penosas tentativas, não desistem de engravidar, insistem em ter o filho biologicamente legítimo em vez de adotarem um.

Sobre o primeiro tipo de curiosidade, acho que o relato da minha experiência poderá ajudar de alguma forma. Ao longo destas páginas, ao contar a história do Pequeno Boxeador, trarei algumas informações e dicas sobre reprodução humana e gravidez, embora esta seja uma especialidade dinâmica, que exige atualização técnica: há sempre alguma novidade no campo da ciência, alguma descoberta, alguma nova possibilidade, algum novo mecanismo. De qualquer forma, o processo para a gravidez tardia ainda é bastante difícil — e, por enquanto, posso adiantar que, apesar das possibilidades científicas, exige paciência, determinação e, especialmente, recursos financeiros. No final deste livro, aliás, encontra-se tanto uma lista com alguns locais que oferecem tratamentos de reprodução humana (gratuitos ou a preços acessíveis) quanto um glossário básico para se conhecer quais são os termos e os procedimentos técnicos mais utilizados para a gravidez e saber em quais casos eles são indicados.

Sobre o segundo tipo de curiosidade, que envolve um assunto importante, adoção, preciso explicar aqui algumas coisas relativas ao meu caso e deixar algumas opiniões. A questão da adoção muitas vezes nos visitou ao longo dos 21 anos de casamento sem filhos. Normalmente, o assunto vem pela boca de amigos, vizinhos, familiares, cachorro, gato, galinha etc. A pergunta, ora feita com algum rodeio, ora feita na lata, é sempre esta: por que vocês não adotam?

Ser frequentemente abordado pela questão acaba nos levando a refletir sobre ela, mesmo que não queiramos. Muitas vezes me vi obrigado — ou pelo menos instado — a dar uma explicação para a minha resposta invariavelmente negativa. "Jamais vou adotar uma criança para compensar a frustração de não ter tido uma" era a resposta que eu costumava dar, o que sempre suscitava uma explicação. Então, explico.

Trata-se, no fundo, de uma breve, direta e sincera "filosofia da adoção". E ela, esta filosofia, imagino, só vale para mim, já que neste campo não há verdades absolutas nem critérios válidos para todas as pessoas. E cada pessoa sabe o que sente, conhece — deveria conhecer, pelo menos — alguns dos seus labirintos interiores. Ou, simbolicamente dizendo, cada pessoa sabe que tem os seus "fantasmas" e "anjos" pessoais, influentes na vida a partir de processos — psíquicos, éticos, morais etc. — absolutamente peculiares e muito complexos. No meu caso, o medo sempre foi o de adotar uma criança "no lugar de algo" — no caso, no lugar de um filho biologicamente legítimo. Ou seja, diante de uma falta, uma ausência, certo "fracasso genético" (digamos assim), buscar "algo", uma criança, para compensar ou preencher esse fracasso, essa ausência. "Imagina olhar para uma criança e ver nela o símbolo de um fracasso, de uma frustração", penso eu. "Não é injusto e indigno com a criança?", eu me pergunto.

Adoção é uma hipótese viável e extremamente bonita quando não está atrelada à ausência ou a alguma questão-não-resolvida, quando não está servindo de subterfúgio na última hora, quando não é tentativa de compensar uma frustração. Há casais absolutamente preparados para adotar uma criança, com a leveza e a seriedade que esta decisão exige, amparados na razão e numa motivação responsável; mas também há casais que se encaixam no que estou falando, que decidem por uma adoção apenas para preencher um vazio... Talvez seja este o caso dos casais que, não compreendendo melhor os seus dramas e as suas reais intenções, concretizam uma adoção e, depois, mascarando traumas e frustrações, não conseguem dar conta da nova situação, comprometendo decisivamente o desenvolvimento da criança.

Na minha experiência — agora, depois de ter o filho biologicamente legítimo —, sinto-me livre para pensar seriamente na questão da adoção. Sim, posso pensar livremente na hipótese da adoção, sem que ela signifique simples preenchimento de um vazio. Adotar uma criança — se um dia eu o fizer — jamais será para compensar uma falta, jamais para tapar um buraco.

E você, leitor? O que pensa sobre o assunto?

O Big Ben e os espermatozoides enceradeiras

Razoavelmente estabilizados, pessoal e profissionalmente, completamos quinze anos de casados em 2003. Resolvemos, finalmente, retomar o projeto "filho". Como nossos testes de fertilidade nada pareciam ter de errado, apenas suspendemos os anticoncepcionais.

Dois anos se passaram e nada aconteceu.

Médico da Magie desde sempre, o Dr. Luiz recomendou que continuássemos na chamada "reta natural", mas tratou de garantir uma estimulação artificial na ovulação. Essa estimulação foi ficando cada vez mais pragmática e regular. E, assim, passamos mais de um ano executando a técnica conhecida como *coito programado*. Nada, porém.

Eu queria partir logo para a fertilização *in vitro* e não conseguia entender por que o médico não ia nessa direção. É que, para ele, enquanto houver o caminho natural, este não deve ser descartado. Eu já ultrapassava a barreira dos 45 e a Magie, a dos 42. O fim da linha parecia cada vez mais iminente para nós. Aliás, no caso da gravidez tardia, é incrível a sensação de que cada dia é uma sentença, tornada decisiva, significando perder ou ganhar muito tempo: sentimo-nos com o Big Ben — o relógio, o sino, a torre — nas mãos.

Em 2007, finalmente, o médico achou que era hora de aumentar a dose de ajuda à natureza. Passamos ao processo de *inseminação*. Se me lembro bem, foram seis tentativas com essa técnica. Duas ou três, antes de uma videolaparoscopia (que aumentou a cavidade do útero da mãe); três ou quatro, depois.

Ao longo dessas seis tentativas de inseminação artificial, descobri algo interessante: por mais perfeito que possa estar o seu espermograma (aquela análise do sêmen, que é um dos primeiros exames solicitados para avaliar a fertilidade masculina), o item "mobilidade" deve ser visto com atenção, pois a mobilidade pode ser boa, mas a direção dessa mobilidade pode ser meio zonza.

Quer dizer, você pode ter espermatozoides muito móveis e velozes, mas pouco objetivos. Tipo o Zinho, aquele ex-jogador da seleção brasileira... lembra? Ele era acusado de ficar "ciscando", em vez de ir direto à meta adversária. Por isso, ficou conhecido como "enceradeira", embora fosse bom jogador. Eis aí uma possível resposta para a dificuldade da fecundação: espermatozoides enceradeiras.

Mas na sexta tentativa, no segundo semestre de 2008, o resultado do Beta HCG deu positivo.

Bingo! Grávidos!

Mas ainda não seria daquela vez...

Dentro de um filme do Almodóvar

Em uma conversa com uma colega de trabalho, concluímos que uma das razões pelas quais a experiência da maternidade é muito mais radical do que a experiência da paternidade é o fato de que um homem pode ser pai sem o saber; uma mãe, jamais, pois não tem como não tomar consciência da cria!

A não ser, é claro, que estejamos dentro de um filme do Almodóvar. Lembra que em *Fale com ela* uma mulher em estado vegetativo fica grávida?

É bom ser pai?

Certa vez, há alguns anos, eu estava entrevistando um escritor inglês que acabara de ser pai pela terceira vez (hoje, ele já tem cinco filhos). A certa altura da entrevista, na qual falávamos sobre literatura, tasquei, do nada, a seguinte pergunta:

— É bom ser pai?

E ele respondeu:

— Não consigo conceber a ideia de não ter tido os meus filhos. Mas isso é o que todo mundo diz. Antes de ter filhos, você sempre acha que ainda tem uma chance de se reinventar. Mas depois de tê-los, a sua identidade está determinada, você tem de ser quem você é.

Na minha percepção, o fato de termos ficado, eu e a Magie, 21 anos de casamento sem filhos não significa que mantivemos um desejo retilíneo de ter filhos ao longo desse tempo todo. Afora as dificuldades orgânicas e médicas, houve momentos de dúvida. Muitas dúvidas.

Por exemplo, da minha parte, vez ou outra flertava com os primeiros versos do *Poema enjoadinho*, de Vinícius de Moraes. Lembra? "Filhos... Filhos?/Melhor não tê-los!". Quando não eram esses versos, era aquela frase arrebatadora e pessimista que encerra *Memórias póstumas de Brás Cubas*, o romance de Machado de Assis. A frase: "Não tive filhos, não transmiti a nenhuma criatura o legado da nossa miséria." Inventei até uma paródia para esta frase: eu, em um tempo futuro, bem velhinho, abro o meu diário para escrever a última página e, ao fazer um balanço da minha vidinha, calculo o saldo positivo: "Não tive filhos, não precisei dividir com nenhuma criatura o meu potinho de Häagen-Dazs de doce de leite."

O que quero dizer é que, à medida que vamos envelhecendo e ficando mais críticos, a ideia de colocar uma ou mais criaturas no mundo vai se transformando em um dilema. Mas, ao ultrapassarmos a barreira dos 40, o desejo transforma-se em uma urgência. E a ideia clássica de ter os seus genes propagados parece funcionar como garantia de certa imortalidade...

Por esta razão, quando, no dia dos pais de 2008, ganhei de Magie uma caixa de chocolate, acompanhada de um envelope branco que continha o resultado positivo do Beta HCG, senti-me diante da imortalidade. Não de minha alma, mas de meus genes. A conquista era resultado da sexta inseminação artificial.

Depois de anos nas frustrantes tentativas do chamado "coito programado" e "indução de ovulação", depois também de cinco inseminações que não vingaram, parecíamos finalmente ter chegado à situação desejada, que seria certamente bem-sucedida, como convinha imaginar. Sabíamos, é claro, que a gravidez somente atinge uma "fase de segurança" a partir da décima primeira ou da décima segunda semana, quando o bebê já entrou no chamado "período fetal", já tem aparência humana, com a maioria de seus órgãos vitais funcionando e com órgãos genitais externos já se formando. Na décima segunda semana, aliás, além de receber nutrientes e oxigênio do corpo da mãe, o bebê responde a alguns estímulos — dentro da bolsa de água, consegue piscar, mover os dedos e até abrir a boca. Contudo, àquela altura, depois de tantas expectativas, que "segurança" maior poderia haver do que a gravidez já testada e confirmada, mesmo estando ainda nas primeiras semanas?

— Sim, é bom ser pai! — eu poderia me imaginar dizendo.

De fato, era a primeira vez que tínhamos a oportunidade de um "acesso" maior à experiência da gravidez e ao feto, caracterizada agora pelas conversas efetivas com o médico, pelos exames cada vez mais objetivos — menos hipotéticos e/ou abstratos —, pelos procedimentos comuns relativos à evolução (e não à dúvida) da gravidez, pela concretude do fato. Enfim, pela aceitação plena de que, naquele momento, o destino se propunha a nós como ele se propõe normalmente a outros casais, sem grandes mistérios, sem falsas excitações.

Na sétima semana, se pudéssemos olhar dentro do útero, notaríamos que o nosso futuro bebê teria braços e pernas, perceberíamos detalhes sutis na estrutura das mãos e dos pés — eles possuiriam pequenas fendas que dariam origem aos dedos. O intestino, o pâncreas e o apêndice já teriam se formado. E os ouvidos estariam se desenvolvendo, assim como os dois hemisférios cerebrais. Na oitava semana, melhor ainda: seria um ser humano em miniatura — estaria minúsculo, como um feijãozinho, mas cresceria a todo vapor. A pontinha do nariz e as dobras das pálpebras apareceriam. Ele teria ombros, os braços cresceriam um pouco.

Sim, seria bom ser pai... Eu até ouvira o coração dele bater numa consulta anterior. Mas na ultrassonografia da oitava semana o coraçãozinho do feto não bateu...

Passamos por um momento difícil. Mas não pensamos em desistir. Numa conversa com o médico, posterior à perda, entendi, pelo que me lembro, que não havia razões absolutamente descritíveis para a não evolução do bebê. Parece que, nesses casos, a própria "natureza" se encarrega de não levar adiante aquilo que não foi bem construído ou, num outro modo de dizer, o que não foi bem construído conspira à sua própria dissolução. Assim, o coraçãozinho parara de bater porque não tivera razões para continuar batendo... Outras possibilidades — como, por exemplo, "incompatibilidade genética" e a necessidade de fazer um exame de sangue que avaliasse com precisão as chances de Magie ser mãe — foram consideradas naquela ocasião. Um exame simples, que deveria ser feito entre o segundo e o quinto dia do ciclo menstrual, mediria a quantidade de um hormônio, o antimulleriano (HAM), no corpo de Magie. O HAM, considerado um marcador da fertilidade feminina, é produzido pelas células que recobrem o folículo e seria capaz de mostrar ao médico o estoque de células germinativas, além da qualidade dos óvulos estocados.

Nos dias de hoje, é possível verificar se uma mulher tem um bom estoque de óvulos e, principalmente, se são de boa qualidade. Se ela tiver 30 ou 31 anos e não apresentar nenhum problema relacionado à fertilidade — algo nas trompas ou no útero —, isso dá uma garantia de que terá boas chances de engravidar nos próximos dois, três anos. No entanto, se ela tiver mais de 35 anos, como Magie, essas garantias simplesmente não existem. E vale lembrar que a partir dos 37 anos a quantidade de óvulos se reduz drasticamente.

No nosso caso, a sede de "imortalidade" era tanta, que não demorou muito e... lá estávamos outra vez no consultório do nosso médico.

Daquela vez, ele finalmente anunciou:

— Agora é hora de partir para a *fertilização in vitro*!

E era melhor corrermos, pois, como nunca nos ocorrera congelar óvulos, só contávamos agora com a produção natural do ovário da Magie. E essa produção já estava com a luz da reserva acesa...

A privacidade do bebê

Gisele Bündchen e Ivete Sangalo, ao contrário da grande maioria das celebridades, não divulgaram fotos de seus recém-nascidos. Queriam preservar a privacidade dos filhos. Faz todo sentido. Afinal, elas são pessoas públicas, mas seus filhotes nada têm a ver com isso. Ou têm? Roger Federer, o tenista mais espetacular e rico do planeta, divulgou uma foto de suas gêmeas pelo Facebook e disse que os fãs tinham direito de conhecê-las. Disse que queria compartilhar a alegria com os fãs, que ele respeita muito.

Seja como for, a atitude de Gisele e Ivete me levou a pensar na privacidade do meu próprio bebê. Embora não sejamos celebridades (e justamente por isso), Magie e eu refletimos muito na hora de decidir sobre o blog e, agora, sobre a publicação deste livro.

Algumas pessoas me dizem que, no futuro, João Pedro vai achar bacana ler toda a sua história, desde a concepção *in vitro*. Muita gente se esquece que ele pode perfeitamente ter a reação contrária: achar que eu não tinha o direito de expô-lo dessa forma. Se fosse um bebê norte-americano, eu temeria pela fortuna indenizatória que o advogado dele poderia reivindicar. Como não é norte-americano, talvez apenas me dê uma bronca. Ou talvez ache tudo isso muito bacana. O futuro dirá.

A questão da privacidade do bebê vai muito além. Por exemplo, fico estarrecido com o fato de as visitas entrarem no quarto dele sem bater na porta, coisa que fariam se fossem entrar no quarto de um adulto. Pense então, leitor, até onde podemos levar esta questão da privacidade dos nossos bebês...

As cenas e o cenário

Abstinente há seis dias, como manda o protocolo clínico, era natural que eu estivesse com certa pressa para fazer a coleta. Magie estava lá dentro, havia mais de uma hora, fazendo a dela. Normalmente, a coisa toda acontece assim:

Cena 1 — Você chega à clínica de fertilização quase de madrugada. Depois de alguns minutos de espera, a embriologista chama o casal para uma conversa, na qual se estabelecem algumas regras do jogo — por exemplo, se os possíveis embriões passarão por análise genética a fim de detectar síndromes. Quando se tem fartura de embriões, caso que geralmente ocorre com os casais jovens, a decisão de fazer ou não essa análise não é muito dramática, depende mais de posturas morais. Já no nosso caso, que vínhamos colhendo no máximo quatro óvulos e obtendo apenas dois embriões por tentativa, a análise genética, por ser bastante invasiva, não é muito recomendada, pois, ao serem manipulados, os embriões podem ter sua integridade comprometida.

Cena 2 — A mulher é encaminhada à sala de coleta de óvulos (um pequeno centro cirúrgico, com as condições mínimas para qualquer emergência) e o homem volta para a sala de espera.

Cena 3 — Quando termina a coleta dos óvulos, o que costuma acontecer uns trinta minutos depois de a mulher entrar na sala de cirurgia, o homem é encaminhado para outra sala (via de regra, uma cabine insípida, que esconde revistas eróticas em discretas gavetas brancas) para colher o seu material.

Cena 4 — Ao concluir sua coleta, o homem é encaminhado a uma terceira sala, onde a mulher se recupera da anestesia — sim, para se coletar os óvulos a mulher tem de tomar anestesia, ainda que leve.

Cena 5 — O médico do casal entra na sala de recuperação, conta quantos óvulos foram coletados, informa que tudo já seguiu para as mãos da embriologista e, para animar o casal, diz: — Desta vez vai dar certo!

Mas "desta vez" tudo dera errado para nós. Era a segunda tentativa de fertilização *in vitro*. Paramos na Cena 2. Depois de mais de uma hora aguardando o sinal para eu fazer minha coleta, finalmente fui chamado. Mas não para a minúscula e insípida cabine.

Encaminharam-me diretamente para a sala de recuperação. Lá, em vez da sempre sóbria, alegre e esperançosa Magie, encontrei uma mulher combalida, algumas lágrimas se insinuando e um estado geral de desânimo.

— Acho que meus óvulos acabaram — disse-me ela. — Desta vez, encontraram dois folículos, só que vazios, estavam vazios, não tinha óvulo nenhum para colher! — completou.

— Chega! — respondi. — Seria maravilhoso ter um filho, mas não é uma questão de vida ou morte. Não precisamos sofrer tanto. Vamos pegar a grana que estamos gastando com essa história e vamos passar uns dias na Europa; afinal, com ou sem filho, temos uma identidade que precisa ser preservada.

No meio desse diálogo meio improvisado, meio revoltado — meio "sem noção", como diria um dos nossos adoráveis sobrinhos —, entrou na sala de recuperação o nosso incansável e sempre otimista Dr. Luiz, que foi direto ao assunto:

— Não fiquem assim. Da outra vez havia quatro óvulos e conseguimos dois embriões. Desta vez não tinha óvulos. Bem, esse jogo me parece empatado... Vamos para o desempate, vamos tentar de novo no próximo ciclo! — propôs.

— Vamos pensar — respondemos, exaustos e destroçados.

Esta cena aconteceu em meados de março de 2009.

Se fôssemos partir para o desempate, teria que ser já no ciclo seguinte, pois tudo levava a crer que a produção de óvulos estava de fato por um triz.

A indústria do bebê

Neste capítulo, seguirei, é claro, com a nossa novelinha.

Antes... Você já parou para pensar que nascem menos bebês hoje, mas que, *per capita*, eles parecem consumir cada vez mais?

A primeira coisa que observei na indústria do bebê é o fato de ser constituída, em grande parte, por empresas familiares de pequeno e médio porte. Claro, há dentro dessa indústria um segmento profissional constituído por grandes companhias, a maioria delas multinacionais. Trata-se dos fabricantes dos itens de higiene infantil, o que inclui desde lenços umedecidos para limpar o bebê até xampus, hidratantes e colônias — sem esquecer, é óbvio, das fraldas.

Tentei levantar o montante de dinheiro que a indústria do bebê movimenta no Brasil. Não consegui muitos números, até porque os donos dos negócios familiares de pequeno e médio porte de que falei acima não costumam revelar a jornalistas seus volumes de vendas e faturamentos. Mas, para se ter uma ideia, apenas o segmento de produtos descartáveis, que inclui as abençoadas fraldas, movimenta mais de 3 bilhões de dolares anualmente no país.

É, sem dúvida, uma indústria próspera. Embora a taxa de nascimento venha caindo sensivelmente no Brasil — hoje nascem no país 7.536 bebês por dia; há dez anos, nasciam 8.921 —, o consumo *per capita* é o que parece fazer a diferença. Um bebê que nasce hoje consome pelo menos o dobro de produtos que consumiam os bebês de dez anos atrás. A qualidade e a diversidade falam mais alto que a quantidade. Há notáveis soluções químicas para o bem-estar da criança e dos pais. Há soluções tecnológicas de toda sorte para a segurança dos pequenos. Lembra daquela criança europeia que caiu nos trilhos do trem e foi salva graças ao bebê-conforto? Os carrinhos (não consegui apurar quantos são vendidos por ano no Brasil), boa parte deles fabricados por marcas italianas, são verdadeiras naves espaciais: confortáveis, seguros e pretensamente fáceis de transportar. Mas há também artesanato e arte. Aos montes. E bons. E belos. Uma empresária, que há 13 anos cria e comercializa delicadas peças de decoração para porta de quarto de maternidade e para o próprio quarto da criança, disse-me que vê a indústria do bebê menos pródiga do que a indústria do casamento, mas que não tem dúvidas de que ela não para de crescer.

A potência do mercado também pode ser observada pela quantidade de polos especializados que pululam nos grandes centros urbanos. Além de shoppings e grandes redes de lojas dedicadas ao consumo dos anjinhos, há 15 anos surgiu uma feira exclusiva para as gestantes e seus rebentos. Realizada regularmente no Rio de Janeiro, em São Paulo, em Belo Horizonte e em Brasília, a Feira da Gestante, também conhecida como Feira do Bebê, vem atraindo cerca de 10 mil visitantes por edição, sendo 90% desses visitantes mulheres em plena gestação. Não visitei ainda, mas deve ser interessante ver tantos barrigões num mesmo recinto.

Moda para gestantes

Uma das coisas mais difíceis para um homem é comprar roupas para a sua mulher. Por mais que conheçamos o gosto e o estilo dela, tem sempre um detalhezinho — no tamanho, na qualidade e integridade da peça, no tom da cor — que acaba nos traindo.

Quando se trata de roupa para a mulher gestante, a coisa fica dez vezes mais complicada. A oferta parece ser pouca. Dos shoppings que frequento, apenas um tem loja especializada. E nas ruas de comércio temático é possível encontrar alguma coisa interessante mas pouco prática. Por exemplo? Calças com cintos e fivelas para garantir folga e elasticidade: ou funcionam mal, ou não funcionam.

Aquele episódio dos "folículos vazios"

Mas... voltemos à novelinha.

Depois daquele episódio dos "folículos vazios", e de termos ouvido do nosso médico a "proposta do desempate", no dia 16 de março de 2009, deixamos a clínica de reprodução humana por volta do meio-dia.

A sensação era a de que não voltaríamos ali nunca mais. Estávamos tão exaustos com aquilo tudo, que a ideia do "empate" não nos pareceu de todo má. Afinal, morreríamos todos "abraçados" — no futebol, quando dois times empatam em um momento decisivo do campeonato, diz-se que ambos "morreram abraçados", já que só a vitória faria um deles sobreviver no torneio. Em nosso caso, moralmente, ninguém sairia ganhando, mas também ninguém sairia perdendo.

Eu e a Magie, o nosso médico e a ciência havíamos feito tudo o que estava ao nosso alcance. Se a coisa não rolara, é porque não tinha de ser. Era isso. Chegara mesmo o momento de pôr um ponto final naquela história. As Moiras, deusas do destino dos homens e dos deuses na mitologia grega, possivelmente haviam falado mais alto e apontado para uma direção diferente daquela que gostaríamos.

O custo das tentativas

Àquela altura, não havia também como desconsiderar o custo das nossas tentativas. Já havíamos despendido muito tempo e dinheiro num objetivo que, naquele momento, não nos parecia possível de ser alcançado. Tínhamos que "cair na real". A possibilidade de prolongar ainda mais o drama, com uma nova tentativa, significava mais gastos e poderia ser pura teimosia ou uma insistência descabida da nossa parte. Talvez fosse melhor empregar o dinheiro numa viagem internacional ou em qualquer outra atividade que, no final, não nos trouxesse aquele sentimento de frustração generalizada.

De fato, não conseguir engravidar pode produzir um desânimo ainda maior quando se pensa nos preços dos tratamentos, dos medicamentos, dos exames. Os valores variam de acordo com o tipo de procedimento e o problema a ser enfrentado pelo casal, mas são sempre valores significativos, que eliminam ou adiam outros projetos. Segundo Gilberto Freitas, responsável pelo Setor de Reprodução Humana do Hospital Pérola Byington, em São Paulo, no site www.bebe.abril.com.br, "uma fertilização *in vitro*, por exemplo, não sai numa clínica particular por menos de 10 mil reais a tentativa". Devem ser incluídos no orçamento não somente o preço das "tentativas", mas também de todas as etapas necessárias para efetuá-las, o que implica realização de exames específicos e consumo de medicamentos. Se o casal for "sortudo", gastará apenas o mínimo necessário para uma única tentativa, de inseminação ou de fertilização *in vitro*; mas, caso não seja positiva a primeira experiência, precisará dispor de novos recursos financeiros para efetuar outras tentativas. Aliás, não são raros os casos em que casais vendem casas, carros ou outros bens para levarem adiante o projeto da gravidez; e, embora possamos relatar inúmeros exemplos bem-sucedidos, não podemos nos esquecer das histórias de alguns que, apesar de todo o investimento, não tiveram sucesso. No site citado acima, além de uma série de dicas sobre reprodução assistida e gravidez, os interessados podem encontrar algumas informações sobre custos. Em todos os casos, porém, o diálogo com os médicos e especialistas é fundamental para que se possa detectar um quadro mais preciso de custos e probabilidades.

Certamente, mesmo o custo de uma única tentativa tira do páreo inúmeros casais brasileiros. Se, por um lado, a tecnologia pode ajudar a realizar o sonho de ser pai quando o bebê não vem naturalmente, por outro, muitas vezes o bolso não ajuda. Muitas pessoas não contam sequer com um convênio médico. E há aqueles que já ultrapassaram a faixa de idade requerida pelos serviços gratuitos ou com descontos. Nestes centros de reprodução humana, os interessados, mesmo quando estão dentro da faixa de idade, precisam passar por rigorosos critérios de seleção — ordem de chegada, análise socioeconômica, entrevistas etc. — e depois arcar com as despesas complementares dos tratamentos. Lembro que no final deste livro é possível encontrar uma lista com os nomes e os telefones de alguns desses locais.

Na nossa circunstância, apesar de possuirmos um bom convênio médico, boa parte das despesas não era coberta. Não menos que 40 mil dólares já haviam sido empregados, se considerarmos apenas as despesas não cobertas pelo convênio. Para a reprodução humana, testes específicos e remédios geralmente não são cobertos pelos convênios, tampouco são subsidiados pelo sistema público de saúde. Estávamos, então, numa situação de aguda sensibilidade emocional — proveniente, é claro, daquele episódio dos "folículos vazios", na segunda tentativa de fertilização *in vitro* —, mas também numa situação que exigia uma reavaliação dos investimentos.

Ainda tonta do que houvera...

Saímos. Quando o carro subiu a rampa da garagem do subsolo da clínica e a luz do sol bateu forte em nós, olhamo-nos mutuamente para conferir se estávamos com lágrimas nos olhos... Estávamos.

Ainda tonta do que houvera, letárgica devido à anestesia e pálida por causa do jejum, Magie parecia carregar o mundo nas costas. A sensação de fracasso e de culpa era tão óbvia, que dava para vê-la em sua expressão decaída.

Já eu estava com a expressão de quem faz pose de forte para, como se diz, não deixar a peteca cair. Tudo muito diferente dessa vez do que havia sido na vez anterior, dois meses antes, na primeira experiência de fertilização *in vitro*. Naquela ocasião, havia quatro óvulos e conseguimos dois embriões. Grávidos! Passamos pela mesma garagem, risonhos e esperançosos, levando conosco os nossos "Junior e Juniar", nomes que, por brincadeira, demos instantaneamente ao par de embriões recém-implantados em nosso útero. Eles não vingaram. Nossos gêmeos só germinaram em nossa imaginação... fertilíssima.

Ouvindo Oasis no carro

Chegamos em casa e pensei que fôssemos desabar... E, de fato, desabamos.

Entretanto, minutos depois, recuperei-me e rumei para o trabalho. No carro, a ideia de ser pai ia se derretendo à medida que progrediam os acordes de uma daquelas baladas pesadas do Oasis. Tocava "Wonderwall", quando o celular vibrou em minha perna:

— Aloouuu!!!

— Môr, vamos para o desempate. Vamos tentar pela última vez. Acho que o Dr. Luiz pegou bem o ponto: na primeira vez, colhemos quatro óvulos e fecundamos e implantamos dois; hoje não colhemos nada. É um empate! Vamos tentar mais uma vez. Quem sabe?!

— Mas isso teria que ser no próximo ciclo... isto é, daqui a um mês! Você mal terá tempo de se recuperar... — argumentei.

— Se esperarmos mais dois ciclos, os óvulos podem se extinguir de vez. Vamos tentar e pronto! Recomeço o tratamento hoje mesmo. Vou checar o estoque de Utrogestan, Estrofen, e encomendar Choriomon...

Um minúsculo pontinho branco...

Vinte e seis dias depois desse diálogo, lá estávamos nós outra vez na Clínica de Reprodução Humana. A coleta estava marcada para o dia 11 de abril. Chegamos à clínica, como de costume, quase de madrugada. Depois de uma longa espera, Magie entrou para a coleta dos óvulos. Trinta minutos depois, fui chamado para colher o meu material.

Sim, o jogo começava a virar. Dessa vez, havia dois óvulos.

No dia seguinte à coleta, isto é, no dia 12 de abril de 2009, recebemos uma ligação da embriologista:

— Dos dois óvulos colhidos, um fertilizou; ou seja, temos um embrião. Vamos transferi-lo depois de amanhã?

No dia 14, terça-feira, estávamos de novo na clínica, com a "transferência" agendada para as 9 horas. Mas já passava das 10 horas e o nosso médico nada de chegar para fazer o procedimento. Retido em uma cirurgia, prometia atrasar ainda mais.

Era preciso decidir: ou adiávamos para o dia seguinte, ou fazíamos o procedimento com um médico da própria clínica.

A segunda opção pareceu a mais prudente.

Fomos para a sala de cirurgia e não demorou muito para o médico focalizar no monitor do ultrassom a região do fundo da cavidade uterina.

Demorou menos ainda para que pudéssemos ver o longo cateter sendo introduzido nesta região, depositando um minúsculo pontinho branco...

Quem diria! Era o nosso Pequeno Boxeador.

Enfim, grávidos!

Recapitulemos: Magie e eu casamos em 1988. Seis meses depois, estávamos grávidos! Mas, aos dois meses e meio de gestação, perdemos o bebê em decorrência de um aborto natural. Desconfiamos que isso já havia ocorrido antes, quando se deu um sangramento colossal certa vez em que o ciclo estava atrasado. Depois disso, demos um tempo, pensamos na carreira profissional, fomos trabalhar, estudar etc. Dez anos se passaram e então interrompemos os métodos anticonceptivos. Nada aconteceu. Em 2004, partimos para a reprodução assistida. Vários métodos, várias tentativas. Na sexta inseminação artificial, grávidos! Mas depois de algumas semanas o coraçãozinho do feto parou de bater. Partimos para a fertilização *in vitro*: na primeira tentativa, conseguimos dois embriões e ficamos grávidos! Mas o par de embriões, chamados "Junior" e "Juniar", não vingou. Então, na segunda tentativa, chegamos ao famigerado episódio dos "folículos vazios", mas também à "proposta do desempate". Aceitamos a proposta. Deu certo. Um embrião foi depositado no útero da Magie, no dia 14 de abril de 2009. Enfim, grávidos!

Uma sequência de acontecimentos dessas, digna talvez de servir de enredo intrincado para um filme ou um romance, contém em si mesma os ingredientes que ajudam a explicar o que significou para nós a certeza da gravidez. Passadas as primeiras semanas — em que, inclusive, não chegamos a comentar a novidade com familiares e amigos —, tranquilizamo-nos com as primeiras ultrassonografias morfológicas. Elas apontaram estar tudo bem com o bebê. A partir daqueles dias, aos poucos, todos os nossos desejos represados e todos os planos acumulados durante anos foram sendo liberados; agora, numa direção razoavelmente segura. Podíamos, pois, lidar com uma nova realidade, há muito desejada, mas somente comprovada naquele momento: estávamos grávidos pra valer. Portanto, depois do longo período de coitos programados, das inseminações artificiais e da fertilização *in vitro*, estamos agora no capítulo em que é necessário narrar a gestação derradeira e o nascimento do João Pedro.

Posição de boxeador

Lá estava ele em sua já clássica "posição de boxeador": os bracinhos erguidos na frente do rosto, os punhos cerrados, prontos para, talvez, se fosse o caso, abandonar momentaneamente a defesa e partir para o "ataque"... A cena não era límpida, pois a placenta ficava o tempo todo anuviando o alcance do scanner sonográfico, sendo difícil enxergar todos os contornos do rostinho. Ainda assim, foi possível ver com nitidez o cristalino de um dos olhos — quer dizer, naquele momento, o médico viu e assinalou. Nós, eu e a Magie, felizes com qualquer boa notícia que viesse lá de dentro, apenas consentimos e sorrimos.

Eram esses dois olhares perspicazes e agudos — o do scanner do potente GE Volusom E 8 e o do nosso médico, o incansável Dr. Luiz — que estavam nos levando a conhecer em detalhes todas as dobrinhas do nosso aguerrido João Pedro. Aguerrido não no sentido de exaltado e belicoso. Até porque não era raro ele abandonar a rígida posição de guarda para chupar o dedo ou então para sorver um pouco do farto líquido amniótico que o embrulhava. Digo "aguerrido" no sentido de quem, aos cinco meses e um dia de vida, já se habituava a situações que envolvessem luta e adversidade. Afinal, a própria história de sua improvável concepção revelara a habilidade e a determinação para driblar os percalços.

A consulta dessa semana fora antecedida de muita expectativa e tensão — sem dúvida, a mais difícil das nove realizadas desde que tivera início o pré-natal. É que na consulta anterior, a do dia 5 de agosto de 2009, a ultrassonografia morfológica apontara uma dilatação em ambos os rins do nosso Pequeno Boxeador. Os rins, como se sabe, estão entre as partes mais vulneráveis dos pugilistas... Por isso, tínhamos saído daquela consulta cheios de dúvidas e inseguranças. Para ser mais exato, temerosos, com muito medo; pois, caso a dilatação aumentasse nos dias seguintes, uma intervenção intrauterina talvez viesse a ser necessária. A dilatação exagerada dos rins pode significar que esses órgãos não estão funcionando como deveriam. Neste caso, via de regra, o culpado é o ureter, que não está conseguindo, por uma razão ou outra, fazer o seu papel de levar a urina do rim para a bexiga. Quando o ureter não funciona, a saída mais corriqueira é a colocação do famoso duplo J, também conhecido como *pigtail*.

Então, tínhamos entrado na consulta muito assustados e ansiosos para saber se afinal a dilatação havia progredido, regredido ou ficado na mesma. Nossos corações — o meu e o da Magie — gelaram quando o scanner rapidamente se deslocou da visão geral, anuviada, para os detalhes do que o nosso médico chamava de "países baixos".

Tensão e alívio

O animado e sempre otimista Dr. Luiz deslizou o scanner do baixo para o alto ventre de Magie e, no monitor do Ultrassom, a imagem geral e pouco nítida do corpinho cedeu lugar para o detalhamento e mensuração dos órgãos. Primeiro apareceu o coraçãozinho em uma imagem em preto e branco. Batia acelerado, forte, vigoroso. Além dos batimentos em perfeita ordem (dessa vez, esqueci de perguntar qual era a frequência cardíaca), a circulação e o bombeamento sanguíneo revelaram-se ótimos. Rumo aos "países baixos", o scanner finalmente focou o aparelho urinário. Lá estavam eles: os dois rins e a bexiga. Três pontos pretos formando uma espécie de triângulo, dentro de uma nuvem cinzenta.

O médico, sabendo da nossa ansiedade, foi logo dizendo:

— A dilatação não progrediu. Ao contrário, até regrediu alguns poucos milímetros... O mais importante, porém, é que a bexiguinha está cheia e o líquido amniótico é farto. A partir de agora, temos que acompanhar cuidadosa e semanalmente o quadro. Mas podem ficar tranquilos, pois está tudo bem com o bebê de vocês!

O alívio que sentimos ao ouvir essas palavras do médico foi mais ou menos igual ao suspiro que tínhamos dado meses antes disto, quando terminou um assalto relâmpago que sofremos numa alça de acesso à avenida Bandeirantes, em São Paulo. Magie e eu nunca havíamos sido assaltados... ou melhor, para não esquecermos outras experiências, nunca havíamos sido assaltados estando juntos. Na ocasião, nosso Pequeno Boxeador tinha apenas quatro semanas de vida, mas deve ter ouvido os gritos de "vai passando relógio, bolsa, celular...".

O assalto

Não era um domingo qualquer. Eu e a Magie, como de costume, fomos almoçar na casa da mãe dela, que fica em Diadema, na Grande São Paulo. Não era um domingo qualquer porque só nós dois sabíamos da nossa gravidez de quatro semanas. Fizemos um acordo de só revelar a gravidez às famílias e aos amigos depois do ultrassom morfológico dos três meses do feto. Por isso, naquele domingo, 3 de maio de 2009, passamos a tarde toda trocando risinhos e olhares como se fôssemos dois adolescentes que acabam de se descobrir enamorados. Cúmplices, era como se detivéssemos o segredo do universo. Uma vontade danada de espalhar esse segredo, contar a todo mundo que estávamos grávidos. Mas e se novamente a coisa não progredisse? Desdizer tudo mais uma vez? Dar explicações? Justificar? Não, estávamos cansados de falsos alarmes e a estratégia do silêncio parecia mesmo a melhor coisa a fazer.

Começava a anoitecer e decidimos ir embora. Magie ainda tinha que tomar a sua dose diária de Fragmim 5000. Deixamos a casa da mãe dela por volta das 18h40. Meu Vectra prata automático ganhou o asfalto da avenida Miguel Stefano, que corta o zoológico e o maravilhoso parque onde funciona o não menos maravilhoso Instituto de Botânica. Era um trajeto absolutamente corriqueiro para nós. Com exceção do nosso contentamento desmedido devido à gravidez, tudo parecia repetição de outros domingos. Até o Philip Glass que tocava no CD player do carro era o mesmo de pelo menos dois ou três domingos anteriores.

Mas algo diferente e horripilante estava a alguns metros de nós.

Ao deixar a Miguel Stefano para ganhar a Bandeirantes e nela seguir até a Jabaquara para então tomar a rua Paracatu e finalmente chegar em nosso prédio, algo inesperado e brutal ocorreu.

Quando se pega a alça que dá acesso à Bandeirantes, é preciso frear o carro e mantê-lo em uma velocidade mínima para entrar na avenida com segurança. A alça tem o formato de uma ferradura torcida e é margeada por mato dos dois lados. À noite, fica tudo bem escuro como se fosse uma rodovia. Muito próximo do local, dois complexos Cingapura, ambos contornados pelas favelas que deveriam ter substituído, como queria um certo político, autor do projeto, que se pretendia um exemplo de moradia popular, financiado pelo Estado.

Ao meter-me na curva e reduzir quase a zero a velocidade, fui levado a pisar bruscamente no freio devido a um garoto de bicicleta que parecia estar atravessando a alça de um lado para o outro. Na verdade, ele avançou e parou na frente do carro. Eu buzinei, como que tentando dizer a ele: "Ei, você está maluco?!"

Mas, para o nosso azar, o garoto, de não mais do que 13 anos, nada tinha de maluco. Ele dera um ágil e providencial cavalo de pau em sua bike para se pôr na frente do meu carro, sabendo que eu frearia e que seus quatro coleguinhas delinquentes, dois de cada lado do automóvel, teriam tempo de se aproximar, socar os vidros até que resolvêssemos abaixá-los e, sob uma saraivada de safanões e cascudos na orelha, entregássemos a eles tudo o que havia ali disponível. Aí se incluía: minha carteira, a bolsa da Magie, meu relógio, o celular da Magie, meu iPhone novinho, o relógio da Magie, meus óculos escuros Calvin Klein, uma sacola com as doses contadinhas da Fragmim 5000, que Magie precisava tomar nos dias seguintes.

"E eles estavam armados?"

Era exatamente a resposta para essa pergunta que eu tentava buscar enquanto lá de fora vinham os gritos de "vamos apagar, vamos apagar esse cara".

Ao longo dos dois minutos da ação, um dos cinco marginais — dois negros, um branco (o da bicicleta) e os outros dois mulatos — manteve a mão na cintura como se lá escondesse uma pistola. Era o que estava do lado do passageiro, onde Magie se encontrava. Não dava para saber se era apenas um *air* atirador ou se a arma era de verdade.

"Acelero e passo por cima do garoto de bicicleta ou entrego tudo e torço para eles se darem por satisfeitos e nos deixar vivos?"

Era essa a outra pergunta que eu me fazia durante o tempo todo da ação. A opção A (acelerar) apresentava dois riscos: matar o garoto e expor a Magie a levar um tiro caso fosse verdadeira a arma que o assaltante do lado do passageiro insistia em exibir — ao menos em mímica.

O mais prudente pareceu-me ser a opção B. Entregamos tudo. E rezamos para que eles fossem embora sem nenhuma consequência mais grave. Foram.

Acelerei e olhei para Magie:

— Está tudo bem? O bebê está bem?

— Não sei. Acho que sim. Toca este carro logo. Por que você parou? Eram pivetes.

Magie, porém, acalmou-se e disse:

— Vamos procurar a polícia.

Incrível, ela nem chegou a abrir o vidro do carro

do lado do passageiro: passou os seus pertences ao assaltante que se encontrava do meu lado.

Subimos a Bandeirantes e entramos na avenida Jabaquara. No cruzamento, um posto policial. Nem é preciso perder tempo reconstituindo o diálogo que mantivemos com os policias. Não dava para dizer quem era mais indiferente com a vida alheia: os pivetes que tinham acabado de nos assaltar ou aqueles policias que nem tinham se dado o trabalho de acolher um casal que, apesar de moreno, encontrava-se branco feito leite.

Decidimos ir para casa. Lá, pela internet, fizemos o BO e cancelamos todos os cartões e os talões de cheque. Em seguida, voltamos à rua, em busca de uma farmácia que vendesse a dose necessária da Fragmim 5000.

Exaustos, voltamos para casa. O Pequeno Boxeador parecia intacto, firme no seu propósito de vir mesmo para este mundo perfeitamente adaptado à maldade e à indiferença.

De qualquer forma, aqueles eternos minutos terminaram. Estávamos bem. Se por um momento experimentamos aquela sensação de profunda vulnerabilidade, depois, foi aquele alívio... Estávamos em casa, seguros — a Magie, eu e o nosso Pequeno Boxeador.

Tomamos um banho, relaxamos, comemos algo e nos sentamos para calcular os prejuízos. Foi aí que percebemos um detalhe curioso: dos objetos de valor que trazíamos no carro, tudo havia sido roubado, exceto o de maior valor: um conjunto de colar, brincos e um anel que eu dera para a Magie anos antes. Ouro amarelo, coral, peridoto e quartzo verde. Trata-se de um conjunto de peças pertencente à coleção "O Pequeno Príncipe", da joalheria Dryzun. O preço do conjunto provavelmente era maior do que a soma de todos os valores dos objetos roubados.

Veja bem, leitor, ficara o conjunto de joias, mas também a presença poética do símbolo dobrado: "Pequeno Príncipe", "Pequeno Boxeador".

Pensei nisso quando, meses mais tarde, em nossas primeiras férias de verão na praia, li o livrinho de Saint-Exupéry para ele, em uma edição em miniatura.

Pensei nisso quando, passado o susto do momento, comecei a me sentir otário por ter sido uma presa tão fácil para aqueles pivetes provavelmente desarmados. Ao menos, o fato de terem deixado as joias no pescoço, no dedo e nas orelhas de Magie, também os colocava na condição de otários. E essa era uma pequena, mas doce vingança. Ainda que totalmente infantil.

O pomo — quer dizer, as meias — da discórdia

Faço questão de, sempre que possível, contar detalhes, pois, para além da curiosidade que se possa ter sobre a geração, a gestação e o nascimento do Pequeno Boxeador, certamente muitos leitores podem se identificar com os pormenores que constituem as experiências e as emoções desta história. Além do mais, não pretendo que estes fragmentos tenham o tom de drama, embora, às vezes, como na situação narrada acima, tenhamos experimentado situações revestidas de certa dramaticidade. Mas a ideia é, no fundo, evocar as nuanças vividas, pois, quando se está grávido pela primeira vez depois de 21 anos de tentativas frustradas, qualquer coisinha se transforma em um evento inesquecível, seja esta coisinha cômica, trágica ou simplesmente ridícula.

Nosso Pequeno Boxeador tinha ganhado um belíssimo par de meias amarelas do seu primo Caio, que acabara de voltar da Europa. Não eram simples meias: eram as meias do F.C. Barcelona, as mesmas do jogador Messi — só que numa "versão neném", é claro. Lá estavam as meinhas, dentro de uma bela caixinha, vestidas em falsos pezinhos de isopor... com o escudo do clube, bordado industrialmente naquela parte da meia que fica nas canelas... Com esse presente, João Pedro antes de nascer parecia já ter o seu time global.

O problema é que o presente declarava "uma guerra" que se mostrava latente desde que tínhamos comunicado a gravidez à família, o que, aliás, só ocorrera havia pouco tempo. Como eu já disse, antes de contar a todos sobre a gravidez, por estarmos vacinados pelas tentativas frustradas, esperamos pelas primeiras ultrassonografias morfológicas para ver se estava realmente tudo bem com o bebê. Com as meias do Barça, viera também a "questão de vida ou morte": no âmbito nacional, qual seria o time do coração do nosso filho? Para mim, isso já estava resolvido desde sempre. Pedrinho seria, é claro, são-paulino, pois o São Paulo Futebol Clube é o meu time (e é o time do Caio também). Mas tinha um probleminha. Quer dizer, um problemão! Magie é corinthiana, ainda que da "facção moderada", mas corinthiana. Bruno, Rafael, Aline, Marilia, Marcela, Marcos, Ricardo... todos os demais primos do João Pedro também são alvinegros. Juntos, eles formavam uma assustadora Liga da Fiel, que ameaçava tomar de assalto a mente e o coração do Pequeno Boxeador.*

Falando mais ou menos sério, jamais imaginei que fosse ter problemas com a questão levantada acima. Afinal de contas, a Magie nunca dera a mínima para futebol... Mas, veja, não é que a gravidez deflagrou nela um súbito e estranho fanatismo alvinegro?! Enjoos, desejos... essas coisas ela não tinha, mas dera para brigar por futebol... E, o que era pior, brigar comigo! Apesar de confiar na genética — pela qual eu já teria transmitido a tricoloridade ao filho —, confesso que me assustava um pouco essa "Liga da Fiel". Teríamos alguma chance?

Bom, em tom de gracejo, conto esta historinha apenas para advertir futuros papais e mamães que a questão "time do bebê" quase sempre aparece durante a gravidez e pode tomar proporções inimagináveis quando pretendemos que o bebê seja necessariamente torcedor do time que torcemos.

---

* Por falar em primos, uma curiosidade: a prima mais nova do Pequeno Boxeador, Marilia, tinha 21 anos quando ele nasceu, e o mais velho, Airton, simplesmente 50. Quer dizer, JP, coitado, não tem "priminhos" para brincar. E os primos velhinhos, coitados, muitas vezes são referidos como "tios". Ah!, sim, os demais primos do nosso herói são: Ana Elza, Angelo José, Suzana e Juliana, Verediana, Vera, Verônica, Vaine, Valéria, Vander, Marcelo, Carlos Jr., Ivan e João.

Filho da farmacologia, da disciplina e, é claro, de Deus

Aos cinco meses e meio ele parecia muito bem. Segundo Magie, suas mexidas começavam a se fazer notar:
— Umas ondinhas... — dizia ela.
Se houve um tempo em que eu achei que jamais seria pai e convivi tranquilamente com a ideia, depois de fazer 40 anos comecei a ficar quase neurótico com a questão da paternidade — ou melhor, com a questão da não paternidade. Agora, aquelas "ondinhas", eu pensava, prenunciavam uma realidade muito desejada, como os primeiros acordes dos instrumentos na introdução de uma música que gostamos.
Se herdasse ao menos a metade da disciplina da mãe, poderia até abandonar o boxe e tentar, talvez, a carreira de samurai.
Deixando de lado todos os hormônios ingeridos na fase anterior à fecundação e todas as drogas receitadas no período imediatamente posterior à transferência do embrião *in vitro* para o útero, a quantidade de medicamentos que Magie ainda precisava consumir era

exuberante. Logo às seis da manhã — todos os dias, no mesmo horário — era a vez das 125mg do Synthroid. Sim, Magie tinha hipotireoidismo, o que, como se sabe, é um dos agentes que dificultam a fecundação ou que podem colocar em risco a gravidez. A tireoide precisa estar com a sua produção de hormônios em dia, nem alta nem baixa. Daí a importância desse medicamento. No começo da noite, invariavelmente às 20h, era a vez daquela dolorida injeção na coxa, a Fragmim (dalteparina sódica). Combinada com Aspirina Prevent, essa injeção deixa o sangue finíssimo, evitanto assim qualquer risco de tromboembolismo. Até os três meses, a injeção era aplicada na barriga, bem perto do umbigo, e deixava hematomas generosos. À medida que a barriga foi crescendo, também foi aumentando o desejo da Magie de exibir o nosso "lindo troféu". Daí mudou o local da injeção. Os hematomas agora estavam na coxa.

No intervalo das 6h às 20h, era possível contar ainda outros oito medicamentos. Não vou enumerá-los aqui. Quero apenas dar uma ideia do quanto a farmacologia pode nos ajudar quando usada corretamente, com disciplina e serenidade. Pena que Michael Jackson teve uma relação turbulenta com a farmacologia. Lamento por ele ter partido antes do nosso Pequeno Boxeador chegar... Aliás, num parêntese, naquela época eu colocava música para o João Pedro ouvir: encostava os fones de ouvido do meu iPod na barriga da mãe e tocava uns Mozart, uns Beethoven. E até Jack Johnson — espero, aliás, que a overdose de Jack Johnson que lhe impus não lhe tenha despertado o desejo de ser surfista.

Além de consumir os medicamentos que citei acima, Magie pecisava fazer fisioterapia respiratória, duas vezes por dia, religiosamente: logo que acordava e pouco antes de dormir. Consistia em duas séries de exercícios de elevação dos braços combinadas com inspiração e aspiração profundas. Depois de duas séries de dez repetições cada uma, vinha uma série de dez repetições de aspiração feita por meio de um aparelhinho chamado Respiron.

Essa fisioterapia respiratória é importante porque expande os pulmões, que são comprimidos durante a gravidez. Esta é a razão pela qual a "gripe suína" é tão perigosa para as grávidas. Se o pulmão é atacado pelo vírus, ele tem pouca capacidade de reação, justamente por estar comprimido, diminuído. A fisioterapia era, portanto, uma profilaxia. Naquele ano, lembro, as ocorrências de "gripe suína" em mulheres grávidas foram muito sérias no mundo todo: víamos nos noticiários, todos os dias, vários casos de morte de mulheres grávidas por causa da gripe.

De resto, a gravidez seguia de vento em popa.

Pedrinho não parava de ganhar presentes. Estávamos serenos e gratos aos céus.

Sete meses no DVD

Entrávamos na 25ª semana de gravidez. Eram quase sete meses. Estávamos na décima primeira consulta do pré-natal. A última, a décima, fora no dia 22 do mês anterior. A próxima consulta, a décima segunda, seria no dia 7 do mês seguinte, uma quarta-feira. Era esta a nossa rotina naquele tempo: muito cuidado e acompanhamento, além das obrigações naturais da vida. Na consulta do dia 22, não pude ir — afinal, eu precisava trabalhar e garantir o leite do nosso futuro filho. Mas a Magie trouxe o DVD com toda a consulta gravada. Estava tudo lá. Então, as emoções que, por volta da hora do almoço, via ultrassom, o menino havia causado à mãe também foram as minhas emoções na hora do jantar, pela tela da televisão, em casa.

A questão da dilatação dos rins do bebê ainda era a nossa principal preocupação. Lembremos que, na consulta de número 8, descobrimos que havia uma dilatação bilateral nos rins. Na nona consulta, porém, a dilatação havia se estagnado. O médico disse para ficarmos tranquilos, mas diminuiu o intervalo entre as consultas, justamente para acompanhar bem de perto a evolução do caso. Pois bem, agora se observava que um dos rins voltara totalmente ao tamanho normal e que o outro permanecera dilatado na mesma medida. O médico considerou essa uma boa notícia, mas determinou a continuidade do acompanhamento rigoroso. Como pude notar no DVD, o pequeno boxeador estava "impossível": mexia-se tanto, que o scanner sonográfico mal conseguia compactar as imagens para transformá-las em 3D. Além disso, crescera muito. Estava agora com 25cm. Quanto maior fica, mais difícil é para o ultrassom captar imagens de corpo inteiro.

Apesar de um dos rins ainda apresentar dilatação de 1,6cm, tudo parecia muito bem com o bebê. Por meio das últimas ultrassonografias, fora possível ver o rostinho: tinha a boca da mãe. A imagem não me saía da cabeça. Mas não era suficiente: queria que a próxima consulta chegasse logo para vê-lo outra vez. Engraçado, eu já tinha saudade de alguém que ainda nem havia nascido!

Não estava bem certo se ele curtia nem se podia escutar, mas de qualquer forma eu já lia algumas coisinhas para ele. Tudo em voz alta, e bem pausadamente, de modo que a minha voz pudesse passar pela parede do útero e pela densidade do líquido amniótico, até chegar aos ouvidinhos dele. Num final de semana, queria ler para ele *Meu pequeno são-paulino,* de Nando Reis. Tratava-se de um dos volumes de uma coleção chamada *Meu time do coração.* Como disse, sou são-paulino — o Pequeno Boxeador também havia de ser. Mas a Magie deu para radicalizar nessa questão: condicionou a leitura do livro do Nando Reis à leitura do volume assinado pelo Serginho Groisman: *Meu pequeno corinthiano.* Ora, o que você, leitor, acha? Eu devia ser democrático e ler "o negócio" para o meu bichinho? Ou devia deixar essa questão de democracia fora da hereditariedade futebolística?

Teleton, Manoel Carlos e as emoções à flor da pele

Certa vez, quando a TV levou ao ar o Teleton, campanha de arrecadação de fundos para a Associação de Assistência à Criança Deficiente, eu e a Magie não fizemos outra coisa senão nos colocar no lugar de todas aquelas mães e pais que contam com a AACD para enfrentar as dificuldades trazidas pela deficiência de seus filhos. Fizemos, é claro, uma modesta doação.

Assistir a um programa desses quando se espera um bebê é levar à flor da pele as nossas emoções, que, naturalmente, já se encontram para lá de aguçadas. "É punk", como diria anacronicamente um dos nossos sobrinhos, que ouve Sex Pistols desde a infância.

Mudar de canal e não assistir ao Teleton talvez signifique cair na armadilha de que o infortúnio só ocorre na casa do vizinho. Ou agir como Hitler, que acreditava que o ser humano só valia a pena se coubesse na forma de Michelangelo. Ignorar o programa talvez signifique acreditar soberba e ingenuamente que as ultrassonografias morfológicas são absolutamente infalíveis.

Tanto o Teleton quanto as vinhetas que o Manoel Carlos veiculava no final de cada capítulo de *Viver a vida*, aquela novela das oito, pretendiam nos expor não apenas à dor e às adversidades dos outros, mas, sobretudo, à possibilidade e à glória de superá-las.

O necessário, o útil, o bom e o "... ah, que gracinha!"

O fato é que, aos oito meses de gestação, ele tinha 2,4kg, com previsão de chegada mais ou menos em 20 de dezembro, e estava nos metendo numa correria sem fim. Resolvíamos pendências do quartinho dele, reforma e móveis novos — e, só para variar, eu, Magie e a arquiteta que contratamos tínhamos opiniões diferentes sobre o quarto. Além de tudo, eu trabalhava o dia inteiro e tinha que prosseguir com a minha pesquisa na pós-graduação em Filosofia na Universidade de São Paulo. Pela primeira vez havia faltado a uma aula do curso; sabia que a pesquisa estava atrasadíssima. Meu orientador já me alertara mais ou menos assim: "não se esqueça que você está gestando dois filhos: um carnal e outro que é a sua dissertação de mestrado." E logo emendara, em tom de preocupação: "será que vai dar conta?" Naquele momento, caçando palavras inexistentes, respondi que um dos mais representativos intelectuais brasileiros havia escrito a sua obra-prima ao mesmo tempo em que tentava ser um pai exemplar para a sua pequena filha. Puxa! Aqui, é claro, se a minha falta de modéstia podia ser colocada na conta das atitudes típicas de futuro pai, era pelo menos um argumento — um argumentinho, quem sabe? — entre tantas responsabilidades...

Mas todos sabem que papais e mamães têm pouca modéstia mesmo é em relação aos seus filhos. Fomos ao médico para a décima terceira consulta do pré-natal e, logo na primeira imagem em 4D, a Magie, que é sempre discreta e comedida, não se conteve e gritou:

— Olhem, olhem, vejam como ele é bonitinho!

Depois, percebendo que acabara de ter uma típica "atitude de mãe", analisou:

— Nossa, que falta de modéstia!

Eles — Magie e João Pedro — pareciam cada vez mais íntimos. Eu estava até com um pouco de ciúmes. Ficava com a impressão de que, às vezes, eles me botavam para escanteio, davam uma "isolada" em mim, sabe? Percebia que já rolava uma coisa muito forte entre ambos. De resto, nessa consulta, o médico ficou mais de meia hora passeando com o scanner do ultrassom pelo exuberante barrigão da Magie. Tudo aparentemente perfeito com o nosso bebê. Um dos rins continuava levemente dilatado, mas o outro já estava normal.

Bem, como disse, faltei pela primeira vez à aula do mestrado. Havíamos ficado às voltas com a listinha (listinha?) de coisas que o garoto precisaria depois de nascer. Estávamos muito confusos com as compras — eu muito mais do que a Magie, é lógico. Nossa dificuldade era separar o necessário, o útil, o bom do tão somente "... ah, que gracinha!". Coloque nessa última categoria uma série infinitesimal de itens feitos justamente para acabar de derreter nossos corações, já liquefeitos de tanto enternecimento paterno-maternal. Do carrinho, que mais se assemelha a uma nave espacial (há uma infinidade de peças que se acoplam e desacoplam com um grau de facilidade duvidoso), aos impecáveis macacõezinhos de grife, passando pelas lembrancinhas personalizadas, tudo parece irremediavelmente indispensável.

Mas essa confusão do espírito era muito interessante, pois estava nos levando a participar das redes sociais (presenciais e virtuais) que se formam em torno do universo dos bebês e das gestantes. Por exemplo, em uma loja especializada em artigos para bebês, uma mãe zelosa e muito "moderna" tinha o seu filhinho preso transversalmente ao peito por uma larga faixa de tecido. Ela me explicou que aquilo lhe permitia carregar a criança sem cansar os braços e revelou que a engenhosa faixa levava o nome de sling. O sentimento que tive com a descoberta deve ter sido o mesmo que o explorador Richard Burton teve ao descobrir a nascente do Rio Nilo...

Música para a maternidade

No dia 7 de novembro de 2009, a gestação completava 36 semanas. Ou seja, o Pequeno Boxeador estava agora com nove meses, pronto para trocar os 37°C do seu *habitat* original pelas sombrias variações climáticas por que passa o nosso planeta em tempos de aquecimento global. Estava tudo pronto. A malinha dele e a da mãe dele. A maternidade também já estava definida.

Até certo momento não sabíamos em que maternidade ele deveria nascer. Pedimos ajuda aos leitores do blog para que nos dessem alguma dica, visitamos presencialmente duas maternidades e virtualmente outras. Eu estava tão acostumado a fazer compras e a decidir quase tudo pela internet, que já não diferenciava muito bem uma coisa da outra. Uma das maternidades visitadas parecia um shopping center: mais do que a hotelaria exuberante, era inegável a qualidade dos serviços médicos, do atendimento clínico. A outra, um dos centros médicos mais tradicionais e prestigiados da América Latina, pareceu-me austera, menos preocupada com os serviços de hotelaria, mas impecável do ponto de vista médico. O que mais esperar de uma maternidade? Para quem nasceu em uma fazenda, com a ajuda de uma parteira, tudo pareceu meio exagerado, um pouco fútil. Por outro lado, para quem esperou 21 anos para ser pai, todas essas supostas futilidades faziam-se absolutamente indispensáveis e necessárias.

O parto estava previsto para a semana do Natal. João Pedro corria o risco de ter seus tímpanos precocemente invadidos por aquele choroso "Então é Natal..." da música entoada há séculos pela cantora Simone. Mas, pé quente que é, chegaria a este mundo concomitantemente com o novo disco de Bob Dylan. Não era um disco qualquer nem um Dylan qualquer. Era um álbum em que o autor de "Forever Young" (aquela linda toada feita para o filho, Jacob, quando este nasceu em 1973) interpreta canções natalinas garimpadas no cancioneiro anglo-saxão. Neste álbum, *Christmas in the Heart,* Dylan, embora mantenha o registro rouco e meio sombrio, deixa-se acompanhar por coros infantis, canta uma faixa em latim e, mesmo sendo judeu de origem, não evita a atmosfera meio adocicada que a tradição católica emprestou ao Natal. São quinze canções para ouvir enquanto se mastiga uma boa tâmara. Eu pretendia então levá-lo no iPod para a maternidade. Seria a primeira trilha do menino que ainda na barriga da mãe já escutava muita coisa boa, incluindo o próprio Dylan.

O nascimento

O Pequeno Boxeador devia nascer no dia 22. Essa era a previsão, a programação. Mas na sexta-feira, dia 18 de dezembro de 2009, a bolsa rompeu logo cedo.

Corremos para o hospital indicado pelo nosso médico — não era a maternidade que havíamos pensado, mas era extraordinária, com serviços médicos excelentes. Chegamos por volta das 9h45. Fizeram o teste para ver se a bolsa havia estourado mesmo. Sim, estava rota.

Fomos internados. Ficamos esperando nosso médico sair de duas cirurgias que estavam ocorrendo em um hospital próximo. Ele chegou catorze horas depois. Meu coração já estava saindo pela boca. Magie só pensava em comer: a partir da internação, é preciso jejuar para fazer o parto. Ela então tomou soro e glicose na veia o tempo todo — ficou reclamando que estava faminta.

Entramos no centro cirúrgico minutos antes das 23 horas. Tudo aconteceu de forma rápida, assustadora e mágica. Às 23h44, o incansável e extraordinário Dr. Luiz olhou para mim, do fundo de seus óculos de grau, atrás da máscara cirúrgica, e disse:

— Quer ver a chegada do rapaz?

Saí de detrás do manto verde que separava a cabeça do abdômen da Magie. E...

Enfim, presenciei o milagre. Era ele! João Pedro.

Enfim, pais! Ou o poeminha de um neófito

> O Pequeno Boxeador chora: fome, febre, cólica ou algum outro sofrimento soberbo?
> O mundo parece que vai acabar — acaba.
> O coração ameaça sair pela boca — sai.
> Corremos assustados para o berço — a mãe, o pai.
> O Pequeno Boxeador dorme — ou simplesmente se aquieta.
> A alma, disforme, se tranquiliza — era apenas fome.
> O sono volta a castigar nossas pálpebras.
> O mundo parece perfeito — é perfeito!

Neste capítulo, contarei as experiências que tivemos em casa com o bebê, muitas delas narradas no blog que deu origem a este livro. São experiências muito recentes — próximas, portanto, do momento atual em que escrevo, ao procurar dar forma a este livro. O leitor perceberá, aliás, que aqui o tempo verbal oscila entre passado e presente. Não se trata de dar um "ponto final" à história, mas somente ao livro, pois a história prossegue e o Pequeno Boxeador continua a nos ensinar a cada dia coisas lindas.

Na historinha do João Pedro, procuro expor algumas ideias acerca da paternidade e especialmente sobre os cuidados que um filho precisa, de modo que este capítulo — embora julgando inexata a definição, pois sempre me permito fazer algumas perguntas aos leitores — também tem caráter de "opinião". Certamente alguns leitores compartilharão comigo as circunstâncias descritas aqui e, conforme forem lendo, lembrarão de situações parecidas que viveram, de sentimentos semelhantes que sentiram ou que viram alguém sentir. No que se refere às informações que dou ao longo do livro, o principal é ter em mente que, quando se trata de bebês, o parecer e o acompanhamento de profissionais competentes são sempre indispensáveis. Por outro lado, devemos lembrar que cada experiência é única e que não há, portanto, dicas válidas para todas as pessoas, assim como não há receitas infalíveis para ser bom pai ou boa mãe.

Em casa, uma rave

Chegamos em casa, no dia 22 de dezembro de 2009, por volta das 16 horas. Ainda na saída da maternidade eu me enrolara um pouco com o bebê-conforto. A "coisa" não desgrudava da base... E eu, feito o Mr. Bean, fiquei botando a maior força naquilo, puxando daqui e dali. De repente, lembrei do botão que adestrava a cestinha de sua base. Aí foi só apertar.

João Pedro curtiu o lar. O quarto apertadinho, mas bem aconchegante. Ele gostou tanto de tudo, que resolveu ficar curtindo as cores e os sons do local durante todas as noites... Antes disso, durante a viagem da maternidade até a nossa casa, já tínhamos ouvido no carro um CD antigo do U2, uns remixes com pegada tecno: ele, recém-saído da maternidade, adorara! Aquilo deve ter lhe inspirado para a *rave* que rolou em casa naqueles dias...

Ele estava, no entanto, com um pouco de dificuldade para acertar o peito da mãe. Cada mamada demorava de uma hora a uma hora e meia para acontecer de fato. Mas isso foi por pouco tempo: logo ele passou a abocanhar a fonte do alimento com grandes "habilidades". O médico já tinha dito que essa dificuldade era normal. De qualquer forma, como ele nascera fortinho, tinha bastante reserva calórica.

Nesses primeiros dias do bebê em casa, troquei fraldas. Difícil. Muito difícil coordenar toda a tralha envolvida. E nessas horas não tinha jeito: ele, que era muito bonzinho, chorava pra valer. Mas, aos poucos, eu também fui adquirindo algumas "habilidades" para trocá-lo, fui aprendendo "o caminho das pedras", assim como a Magie. Noutras horas, colocávamos o CD do *Pequeno cidadão* ou qualquer outro para o heroizinho se divertir um pouco, como que estendendo infinitamente certa predisposição para trilhas sonoras, convictos de que ele tinha gostado dessa coisa boa chamada "música", de que cores e sons deviam lhe fazer bem. Ao anoitecer, conhecendo um pouco o estilo do heroizinho, sabíamos de antemão que a noite haveria de ser longa...

Paternidade, produtividade e empreendedorismo

O ritmo da primeira semana com o nosso bebê em casa me deixou muito assustado em relação à minha produtividade profissional, acadêmica e pessoal. Eu pensava: "Meu Deus, esse moleque vai chorar para todo o sempre, nunca vai se acertar com o peito da mãe, eu nunca mais vou dormir, minha doce e independente Magie nunca mais vai pentear o cabelo..." Aquilo servia para reforçar minha desconfiança retrógrada e pouco realista de que não há nada mais eficiente do que "filhos" para baixar a produtividade das empresas. Afinal, que condição de produtividade terá o funcionário que mal dormiu à noite ou que, sentado em sua mesa de trabalho, sente-se muitíssimo preocupado com um novo morador em casa?

Mas, ao contrário das previsões, dois meses depois o meu estado mental era totalmente outro. E os fatos também apontavam para a direção contrária. O Pequeno Boxeador e os peitos da mãe entendiam-se à perfeição. Magie aprendera a tirar leite para deixar de reserva em uma mamadeira, caso fosse imprescindível ausentar-se por alguns minutos ou horas. Já era possível dormir quase a noite toda.

De fato, o saldo foi surpreendente: eu estava me sentindo mais produtivo do que nunca. Embora nunca tivesse me acomodado profissionalmente, agora o senso de responsabilidade em relação ao futuro do herdeiro me fazia buscar ainda melhores resultados. Minha pesquisa acadêmica para o mestrado nunca avançou tanto. E, no tênis, eu tinha voltado a ganhar de caras para os quais há tempos eu só vinha perdendo.

Por outro lado, minha sanha empreendedora, muitas vezes excessiva ou ousada demais, tinha arrefecido: eu estava aprendendo a ser muito prudente e a verificar melhor os riscos. Para lidar com os riscos, por exemplo, teria que calcular melhor as consequências; para viabilizar consequências boas e duráveis, teria que me empenhar da maneira certa, na intensidade certa. Razão e paixões precisam estar na ponta dos cascos.

Enquanto ele dorme

De fato, mais ou menos aos 25 dias de vida, já dava para perceber que o nosso Pequeno Boxedor era um bebê dócil. Chorava com mais intensidade apenas em duas ocasiões: quando estava com fome e na hora de trocar a fralda. No primeiro caso, sabíamos, o choro deveria acontecer de três em três horas, que é o intervalo idealizado pelos pediatras para amamentar os bebês. Na vida real, porém, nosso João não era (e não é) um reloginho. Sobretudo no período das 18h às 24h, suas "acordadas" eram muito irregulares e ocorriam quase que de hora em hora. Ao trocar a fralda, seus berros me deixavam um pouco nervoso e muito ansioso para terminar "o serviço" o mais rápido possível. Quando a Magie fazia a troca, ele se comportava melhor, mas não deixava de chorar e espernear. Até hoje, confesso, ainda não descobri o que exatamente incomoda tanto os bebês...

Adianto que, além de dócil, João Pedro é divertido. Sempre faz caretas engraçadas, e adora me encarar quando está no meu colo. Também parece curioso. Lembro que, desde os primeiros momentos, o vulto das cores que ele via nos quadros pendurados nas paredes chamava sua atenção de uma maneira inequívoca. Ele parece gostar de arte. Não necessariamente da arte que tenho exposta lá em casa, é claro. Às vezes, olhava para a tela excessivamente colorida de um pintor paranaense obscuro e parecia reprovar aquela profusão de cores quentes em acrílico nacional. Já diante do óleo quase monocromático da paulista Luciana Maas, ele se aprazia. Um crítico de arte? Um futuro artista?

Apesar de toda a sua docilidade e da discrição de seu corpo pequeno, ainda hoje o Pequeno Boxeador parece querer ocupar sozinho todo o espaço do nosso apartamento. Onde desejamos ordem, simetria e aproveitamento racional do espaço, temos sempre certo caos. Aos poucos, sobretudo quando ele dorme, tentamos então "nos encontrar" no meio desse caos.

Sabíamos que a vida nunca mais seria a mesma. Nunca mais iríamos linearmente da salada à sobremesa. E o corpo começou a se acostumar com o sono entrecortado, com as refeições interrompidas subitamente, com o cabelo despenteado. No meio de certa madrugada, por exemplo, depois de medir três vezes a febre dele e de trocar a fralda, consegui arranjar um tempo para retomar a pesquisa de mestrado — fui de pai a pesquisador num instante: afinal, se gosto é algo pessoal, como então os homens elaboram padrões ao fazer julgamentos estéticos? Como é que, além da Magie e eu, tanta gente acha o nosso Pequeno Boxeador a maior belezura do mundo?

Pegar logo ou deixar chorar um pouco?

Alguns amigos me dizem mais ou menos assim: "se quiser evitar que o seu filho se transforme em um pequeno ditadorzinho — e que passe a mandar na sua vida e na vida da sua mulher —, imponha desde já uma disciplina rígida." Isso inclui, principalmente, não pegar no colo toda vez que ele chora. Alguns pediatras e psicólogos infantis parecem concordar com esta tese. Por exemplo, se o combinado é mamar de três em três horas, não se deve abrir exceção, não importa o quanto o bebê abra o berreiro. Só se deve pegar no colo ou tirar do berço se o motivo do choro for "comprovadamente" uma dor ou algo mais sério. Há quem chegue a colocar tampão nos ouvidos... Aliás, o tenista Roger Federer, pai das gêmeas Charlene Riva e Myla Rose, declarou uma vez que, quando tem jogo no dia seguinte, coloca tampão no ouvido para não ser atrapalhado pelas garotas.

Outros amigos dizem: "o bebê precisa logo perceber que não está sozinho, precisa sentir o aconchego, o corpo, a voz e o calor dos pais toda vez que se sentir desconfortável, isto é, toda vez que estiver ranhetando, chorando ou se esgoelando." Alguns pediatras e alguns psicólogos infantis parecem concordar com esta tese. Essa "banda" acha que pegar no colo, embalar e se colocar totalmente à disposição do bebê, dançando conforme o seu *timing,* não vai estragar a criança.

Qual é então a melhor opção? Pegar logo ou deixar chorar um pouco?

João Pedro nunca foi dos mais chorões e desde os primeiros momentos teve certa rotina mínima, o que parece ser algo muito adequado para qualquer criança. Mas temo que essa "rotina mínima" não seja suficiente para garantir que ele, em um futuro próximo, não vá querer subir na mesa para dar as ordens.

Estenose de JUP ou refluxo urinário? Beethoven e Casuarina?

Já contei que ainda no útero João Pedro apresentou certa dilatação bilateral nos rins. A do rim direito regrediu e se normalizou totalmente mesmo antes do parto. Mas a dilatação do órgão esquerdo permaneceu, ainda que em níveis discretos. Pois bem, depois de nascer, numa ocasião, nosso herói começou a ter umas febrezinhas: 37,5°C, 38°C, 38,8°C. Não passou disso; mas, é claro, não titubeamos: fomos ao pediatra. Garganta, pulmões, nariz... Tudo certo. De onde então vinha aquela febre?

Ciente da questão do rim, o pediatra também não titubeou e pediu um exame de urina. Bingo! Uma infecção foi notificada. Imediatamente fomos para um bom centro de medicina diagnóstica, sempre assistidos pelo uropediatra que o acompanha desde o nascimento. Sim. Tudo levou a crer que a infecção estava de fato relacionada à questão da dilatação.

Bem, antes de qualquer outra coisa, a infecção precisou ser combatida:

— Ah! Que chato, antibiótico! Tão novinho, tomando antibiótico...

Sobre a questão da infecção, sendo sua origem relacionada à dilatação do rim, era preciso definir com clareza qual era a origem da própria dilatação. Duas hipóteses deveriam ser investigadas com mais profundidade, em exames rigorosos, nos dias seguintes. A primeira hipótese era a de uma Estenose de JUP, espécie de obstrução da ligação do rim com o ureter, que impede que toda a urina vá para a bexiga: o pouquinho que fica no rim causa a dilatação e, consequentemente, pode também causar infecção. A segunda hipótese era a de um refluxo urinário, isto é, quando a urina da bexiga volta um pouquinho para o rim.

O tratamento é sempre diferente para cada uma das hipóteses: no caso da estenose, uma pequena cirurgia (pieloplastia) parece resolver de vez o problema; já no caso de refluxo, pode ser tratado com observação clínica. O mais importante era a avaliação da função renal do rim esquerdo, já que o direito parecia funcionar a pleno vapor.

Deste modo, os dias seguintes eram decisivos para fechar o diagnóstico e bater o martelo sobre o tratamento. Contudo, as condições clínicas do nosso herói não poderiam ser melhores: mamava feito um bezerro, crescia um pouquinho além da "curva de crescimento infantil" e ganhava peso conforme o esperado. Só chorava quando a fome de fato apertava. Nem cólica tinha. Mas, cá entre nós, em se tratando de qualquer doençazinha, era muito difícil, quase impossível, controlar a nossa ansiedade e angústia.

Bem, enquanto aguardávamos as definições precisas dos médicos, tanto em relação ao diagnóstico quanto ao tratamento, continuamos, João e eu, lendo e ouvindo música. Terminamos, por exemplo, a leitura de mais um conto da série *Contos e poemas para crianças extremamente inteligentes de todas as idades,* organizada por Harold Bloom. Era engraçado vê-lo arregalando os olhos e fazendo um bico enquanto eu lia. Eu procurava dar vozes apropriadas aos personagens e pronunciar cada palavra com precisão e suavidade. E era difícil segurá-lo num dos braços, com o livro na outra mão. Qualquer mexidinha... e ele se dispersava. Comprei também um volume com os clássicos da Disney: umas vinte histórias. Quanto à música, João gostava de tudo. Parecia feliz com o *Concerto para piano nº 5,* "O Imperador", de Beethoven. E parecia adorar o sambinha light do Casuarina...

No dia 12 de fevereiro de 2010, uma sexta-feira antes do Carnaval, passamos o dia no hospital. Fizemos exames de ultrassom para ver a quantas andava a dilatação do rim esquerdo. Ele fez o exame — vejam só! — todo peladinho, deitado no colo da mãe e mamando ao mesmo tempo. O resultado não poderia ser mais animador: a dilatação desapareceu! Passamos então aquele Carnaval em ótimo astral. Não, não fomos para a Avenida... Deixamos os tamborins tocando ao fundo e curtimos muito o nosso bebê. Aproveitei e avancei um pouco mais na pesquisa acadêmica, enquanto João possivelmente se perguntava: "Poxa, com tantos livros na estante, por que será que o meu pai só vive com este *Tratado da natureza humana* nas mãos?"

O medo de errar

Só duas coisas eu não conseguia fazer com o nosso Pequeno Boxeador. A primeira, por razões fisiológicas óbvias, era alimentá-lo — coisa que certamente faria sem problemas quando ele começasse a variar o cardápio. A outra coisa era dar banho. A combinação "banheira, corpinho rosado (e fragilíssimo) e bastão de sabonete líquido glicerinado" simplesmente me apavorava. Por mais que, ainda na maternidade, tivesse feito aula para aprender a técnica do banho, não me sentia seguro.

Certo dia, em um programa de TV, vi um pai entrar debaixo do chuveiro com um recém-nascido. Achei bacana, mas a simples imagem de um possível escorregão dentro do boxe deixou minha espinha em estado de calafrio. De fato, ainda hoje, sempre que estou com o João nos braços, me vem à mente aquele romance do norte-americano William Kennedy chamado *Ironweed* (não me lembro do título em português, mas sei que virou um filme dirigido por Hector Babenco e estrelado por Jack Nicholson e Meryl Streep). Conta a história de Francis Phelan, um homem rico que se transforma em um bêbado, passa a viver na sarjeta, depois de deixar o filho cair de seus braços, bater com a cabeça no chão e morrer. Apesar da história pesada, é um lindo romance. Eu o li há anos e já havia me esquecido por completo da história, que, sintomaticamente, voltou à memória desde os primeiros dias do bebê em casa. A lembrança recorrente da cena crucial desse belo livro potencializa o medo de errar, mas eu procuro usá-lo em meu favor: em vez de desandar para a neurose, serve-me como um alerta a mais.

As receitas para fazer e criar bebês II: como criá-los?

Certa vez, aproveitamos um feriadão para dar uma folheada no livro *Filhos — da gravidez aos 2 anos de idade*. Trata-se de um guia magistral, elaborado por pediatras da Sociedade Brasileira de Pediatria, com organização de Fabio Ancona Lopez e Dioclécio Campos Jr. Explica tim-tim por tim-tim tudo o que os pais podem e não podem fazer para criar seus bebês até a fase lactente (dos 28 dias aos 2 anos). Na verdade, o livro começa bem antes, isto é, inicia-se dando informações sobre a fase da gravidez. Depois, dedica uma seção inteira ao recém-nascido (0 a 28 dias).

Embora, no geral, trate-se de uma obra utilíssima, tem lá os seus pecados. Por exemplo, perde muito tempo dizendo que tipo de roupas a mãe deve levar para a maternidade, para ela e para o bebê, mas nada diz sobre o que se deve perguntar ao médico na hora em que se faz a ultrassonografia do osso nasal e da transluscência nucal. Aliás, todo o capítulo sobre ultrassonografia é bem fraquinho. Já o apêndice, com a lista de todas as vacinas que o bebê deve tomar até os 2 anos, é uma ajuda e tanto... Recomendo.

O mundo, os EUA e eu estamos nos infantilizando

Uma vez, um amigo me enviou o link de uma reportagem desconcertante, publicada na elegante *Vanity Fair*, uma das revistas de maior prestígio no mundo. O título da reportagem, "Viciados em fofices" (em inglês era *Addicted to cute*), dá conta de uma tendência comportamental que, anos atrás, eu acharia improvável, mas que hoje me faz todo sentido. Traduzo a abertura da matéria para você, leitor, entender o que estou falando:

"Os Estados Unidos foram inundados por um tsunami de fofices — estamos nos afogando em filhotinhos e gatinhos e coelhinhos e bolinhos — que está transformando o marketing (vide as campanhas publicitárias da Geico), os automóveis (o Smart Car) e o cinema (o filme *Up: altas aventuras*). Será que o mundo está preparado para toda essa doçura?"

Num dos casos, a revista estava se referindo à mascote das campanhas publicitárias da Geico, uma seguradora americana. A mascote é uma lagartixa falante e toda fofinha, feita para produzir no espectador um efeito de altíssima credibilidade, justamente pela beleza e fofice que emana.

Se o mundo está, eu não sei. Eu estou. A chegada do Pequeno Boxeador me transformou num ser docemente infantilizado. Antes de ele nascer, eu olhava para o barrigão da Magie e vinha logo à tona o meu comportamento cuchi-cuchi-cuchi (*coochie-coochie-coo*, em inglês). No mês em que ele nasceu, dezembro, entre todas as árvores de Natal que eu via, a que mais falava àquele meu estado de espírito era uma com miniaturas de casaquinhos de tricô para bebês. Hoje, olho para um Mini Cooper e me pergunto: "Será que o João Pedro vai querer um?" Olho para coalas, filhotes de cachorrinhos ou gatinhos e fico imaginando de qual deles o menino gosta.

E você? Em que grau de infantilização você se encontra neste momento?

Ele ri de tudo. Inclusive de mim!

O Pequeno Boxeador foi ao pediatra. A consulta confirmou: de recém-nascido (RN) não tinha mais nada. Era um lactente feito! Aos dois meses e seis dias (data da consulta), estava — pasmem! — com 6,7kg. Antes de tachá-lo de obeso, saibam que ele é compridão: à época, 61,5cm. Ou seja, tudo dentro das proporções, tudo dentro da normalidade. Aliás, a pergunta mais recorrente que fazíamos ao pediatra era essa:

— Dr. Labib, é normal...?

Por exemplo, é normal ele tremer o queixo quando chora? É normal tremer a perna quando se espreguiça? É normal ficar um dia e meio sem fazer cocô? É normal estar com esse peso e essa centimetragem em tão tenra idade? É normal soluçar quase toda vez em que troca de fralda? É normal espirrar sem apresentar qualquer outro sintoma de gripe ou resfriado? É normal tomar todas as vacinas (sete) dos dois meses e não apresentar nenhuma reação adversa?

— Sim, tudo isso está absolutamente dentro da normalidade, inclusive todas essas perguntas — respondia o *blasé* Dr. Labib. — O menino é um touro — emendava, em seguida.

Hoje, sei que outro sinal de amadurecimento e saúde do nosso herói é o riso. Sobretudo quando está de barriga para cima, ri ao menor gracejo. Ri à beça. Anda rindo à toa, inclusive quando não deve...

Um dia, antes de sair para trabalhar, fui ao berço para me despedir. Primeiro, peguei o "African Blue" — esse é o apelido que demos a um hipopótamo de pelúcia que ele ganhou da mãe — e, naquela típica ventriloquia dos que se propõem a dialogar com lactentes de dois meses, engatei uma historinha. Ele riu. Depois, peguei o sapo, também de pelúcia, e comecei a cantar "o sapo gosta de pular, mas também gosta muito de abraçar...". Ele morreu de rir! Por fim, peguei a bola de futebol de pelúcia, bola de gomos tricolores, e comecei a cantar o hino do São Paulo. De repente, parei e analisei: "Ih!, filho, hoje a bola tricolor está murcha! Perdemos ontem o nosso segundo jogo da Libertadores 2010." Imaginei que ele fosse fazer cara de sério e de triste, mas o que vi foi quase uma gargalhada...

Das duas uma: ou ele já tinha aprendido a rir das derrotas — o que é sábio —, ou, filho de mãe corinthiana que é, estava rindo de mim, o que é preocupante e imperdoável!

A doce vida pagã do Pequeno Boxeador

Quero falar rapidamente sobre um assunto que sempre aparece nas famílias de tradição cristã. Sejam os pais "praticantes" da religião, "simpatizantes" ou apenas seguidores desavisados, a questão do batismo mais cedo ou mais tarde vem à tona.

Na companhia de um verdadeiro zoológico de bichinhos de pelúcia e deliciosamente alheio às demarcações judaico-cristãs, o nosso Pequeno Boxedor desfrutava a sua doce vida pagã com boa saúde, bom humor e muito leite materno — prestes a completar três meses, postura corporal assustadoramente aprumada, olhos negros muito bem abertos. Aliás, seus olhos têm uma mirada firme, mas não são invasivos, não são como aqueles olhos que querem penetrar o segredo das coisas. Antes, são olhos meigos, gentis e acolhedores.

Mas essa doce vida pagã tem dias contados, vocês podem imaginar. O primeiro dos sete sacramentos, isto é, o batismo, começou a ser objeto das conversas que eu e a Magie tínhamos sobre o nosso adorável pagãozinho. Nossa catolicidade sempre foi moderada e quase íntima. As preces fazem parte do nosso fluxo de consciência, mas apenas às vezes vamos até a Igreja de São Judas pedir ou agradecer algo. Para além do nosso costume, o fato é que as nossas famílias são cristãs. Logo, o paganismo de João Pedro não haveria de durar muito.

E aí surgiu um problema oceânico: como escolher os padrinhos? Um dado a considerar, pensei, era a nossa idade. Como já estávamos meio "passadinhos", o melhor seria garantir padrinhos jovens para o menino, ou não? E, dentre os jovens, quem? João, tão amado pelos nossos familiares e amigos, tinha vários candidatos com uma ótima razão para serem convidados...

Então, como se escolhe alguém para ser padrinho de seu filho? Certamente muitos dos leitores já passaram pela situação. Não é uma questão simples. Principalmente quando percebemos que o número de "possíveis padrinhos" é bem maior do que o número padronizado pela tradição. Contudo, embora sejam muitos os "possíveis", é preciso decidir entre eles. E a decisão dependerá, é claro, de um número muito grande de fatores, cuja prevalência seguirá critérios não necessariamente indiscutíveis.

O nome composto

Aliás, a questão do batismo me faz lembrar uma coisa que ainda hoje parece indefinida: trata-se do nome composto que escolhemos. João Pedro é um nome lindo e imponente, sem dúvida. O problema é que muito raramente conseguimos chamá-lo por inteiro. A Magie tem menos dificuldades do que eu e fica brava toda vez que eu o rebatizo de "João". Mas é necessário dedurar que ela mesma escorrega vez ou outra... E o fato é que o nosso filho está se tornando muito mais "João" do que João Pedro ou Pedro.

Outra dificuldade do nome composto é unificar um sentido para ele. No caso do nosso Pequeno Boxeador, seu primeiro nome, João, significa "Deus tem compaixão, Deus é misericordioso". Já o segundo, Pedro, significa "a rocha, a pedra". Assim, qual seria o significado do nome João Pedro? A "rocha misericordiosa"? A "rocha pela qual Deus tem compaixão"?

O "agraciado por Deus que é, portanto, forte como uma rocha"? Não sei. De qualquer forma, tal nome composto se configura como, no mínimo, um enigma poético...

Duas jaboticabas viram o mar

Conto que João Pedro, com aqueles olhinhos feito duas jaboticabas, viu o mar pela primeira vez. À época, ele estava produzindo sons vocais os mais variados: ora parecia estar tentando entoar uma cantiga, ora parecia estar dizendo algo como "éééééééé"...

Decidimos passar uns dias na praia e aproveitar um "restinho de verão", embora já estivéssemos no outono. Rumamos para o litoral norte de São Paulo. Para a descida da serra, tomamos todas as precauções recomendadas pelo ranzinza e adorável Dr. Labib, o pediatra do Pequeno Boxeador. Como João — ou João Pedro, ou Pedrinho, ou, ou ... — não usa chupeta, foi com uma mamadeira na boca para evitar os efeitos da pressão nos ouvidos. Ele dormiu, não chorou, chegou bem-humorado.

Então, logo cedo, eu e a Magie o levamos para conhecer o mar. Havia apenas um esboço do sol anunciado na previsão do tempo. A brisa estava deliciosa apesar de um pouquinho intensa, quase vento. Além de nós, havia apenas meia dúzia de gatos pingados na praia. Era possível ouvir o mar à perfeição.

Tomei João nos braços e rumei em direção ao mar.

De repente... comecei a chorar feito uma criança. É, não resisti à emoção de apresentar o mar e toda a sua sublimidade ao nosso Pequeno Boxeador.

Enquanto eu chorava e minhas lágrimas batizavam o rostinho do nosso herói, coladinho ao meu, a Magie nos fotografava e filmava de longe.

Mais tarde, ao olhar para a fotografia que ela fez, pude compreender ainda mais a magnitude do presente que ela me deu: delicioso momento Janete Clair, sobre a areia, diante do mar. João Pedro pareceu ter aprovado e curtido a nossa decisão de ir para a praia em fim de temporada. Não ficou doente, não deu trabalho. Uma delícia! Registramos tudo em fotos e vídeos. Depois, arrumamos as malas e tomamos a estrada de volta para São Paulo. Estávamos cheios de energia para começar tudo de novo.

De pai para pai

Neste momento, quando já estamos quase no final do livro, reproduzo alguns dos últimos textos do meu blog, começando com este diálogo "De pai para pai":

— Estou lendo *Alice no País das Maravilhas* para meu filho de quatro meses.

— E como ele reage?

— Acho que não entende nada, claro, mas parece se divertir com o ritmo da narrativa e a sonoridade das palavras. Parece que fica mais excitado, sorrindo e articulando os braços, na hora dos diálogos.

— Você está lendo uma edição adaptada para bebês?

— Não, estou lendo o texto original, em inglês.

— Bacana!

— Sofro muito com a questão da educação do meu filho. Por exemplo, basta ele passar perto de uma TV ligada para ser imediatamente fisgado. E isso me deixa tenso. Acho que isso não vai ser bom para a formação e o desenvolvimento dele.

— É bom, sim. A TV vai ajudá-lo a aprender a falar.

— Meu Deus! Sério?

— Sério! De resto, não sofra tanto, pois, por mais que você seja um pai cuidadoso, incentive seu filho a ler, a se interessar por arte, por mais que o coloque nas melhores escolas, mais cedo ou mais tarde ele vai chegar em casa dançando o *Rebolation*!

Um dia perfeito

A Magie finalmente experimentou um dia das mães sem aquelas adoráveis homenagens compensatórias vindas, sobretudo, dos sobrinhos. Eu e o Pequeno Boxeador passamos o dia inteiro prestando-lhe as devidas homenagens. Nem tudo saiu como planejamos, mas, mesmo assim, conseguimos fazê-la chorar de emoção algumas vezes ao longo do dia. Fomos à Igreja para eu levar uma flor à minha falecida mãe, passamos na casa de minhas irmãs para reverenciar as mães da minha família e, depois, fomos almoçar na casa da mãe dela.

Passei a madrugada do sábado para o domingo preparando um videoclipe que conta a história da Magie, desde sua infância no Paraná, onde nasceu, até o dia em que deu à luz o nosso herói:

Nascida em janeiro de 1965, na pacata Alto do Paraná, minúsculo município situado ao norte daquele Estado, Edivânia Margarete Victório dos

Santos, a caçula dos quatro filhos de Osvaldo e Maria Magdalena, veio morar na capital paulista ainda criança. A exemplo das irmãs, Edna e Ednéia, e do irmão, Edson, começou a trabalhar para ajudar os pais ainda muito novinha. Além de trabalhar, estudava e ajudava a cuidar da casa.

Certa vez, ansiosa para ir à festa junina do colégio, vestiu-se de caipirinha e pintou o rostinho, e lá foi ela sozinha pensando na pipoca doce que sempre adorou e na quadrilha. Mas, conforme ia se aproximando da escola, foi percebendo um silêncio incompreensível e as luzes apagadas. Diante dos portões fechados, limpou as lágrimas dos olhos e voltou para casa tristonha: ela havia se enganado em relação à data da festa. Parece que foi a partir desse episódio dramático que ela passou a anotar em listinhas todos os eventos importantes que dizem respeito a ela e aos seus.

Esforçada, trabalhadora e estudiosa, a caipirinha do Alto do Paraná estudou, trabalhou e se desenvolveu. Tornou-se uma filha exemplar, uma irmã amorosa, uma tia dedicada e apaixonada e uma esposa paciente, compreensível e carinhosa.

Entretanto, casada havia mais de vinte anos, nada de filhos. Por mais que ela e o marido tentassem, ser mãe não parecia fazer parte de seu *destino. Mas o destino dela, ela sempre escreveu. E a coisa mudou a partir do dia em que meteu na cabeça que queria ser mãe...*

Na hora de exibir o filminho, não havia um cabo para conectar o meu MacBook ao televisor da sala da minha sogra. Passei o vídeo assim mesmo, mas não consegui arrancar todas as lágrimas que eu havia calculado. Apesar de pequenas "imperfeições" como essa, foi um dia perfeito, o mais perfeito de nossas vidas.

De resto, o Pequeno Boxeador está um chumbinho e muito bem-humorado. Outro dia, passei-lhe uma gripe. Usei máscara cirúrgica, álcool gel etc., mas não adiantou. A sorte é que era um vírus fraquinho, e nos recuperamos rapidamente!

Twitter, dentes querendo irromper nas gengivas e o gato que não para de rir

Criei um perfil no Twitter: Twitter/Hamilton dos Santos. Quem quiser seguir...

Lá, é possível acompanhar mais de perto as peripécias do nosso Pequeno Boxeador. Mas não é um espaço exclusivo dele. Vai ter que dividir os 140 caracteres — ora com David Hume (o filósofo que estudo no mestrado), ora com assuntos ligados ao jornalismo (ainda sou jornalista). Outras vezes falarei de Recursos Humanos (trabalho no RH do Grupo Abril), falarei muito de trabalho; além de disso, falarei de tênis, é claro (sou apaixonado pelo barulho resultante do impacto das cordas da raquete na bolinha amarela). Sigam-me!

O Pequeno Boxeador, que ainda não completou seis meses, já está com as gengivas irritadas. Ao que parece, os dentes de leite começam a preparar sua entrada em cena. Não demora e eles, os dentinhos, conseguirão irromper na gengiva. É um dos mais difíceis rituais de passagem na vida de um homem: ir da banguelice à dentição é, na verdade, o 13º Trabalho de Hércules. Claro, não me lembro de como vivenciei isso, mas minha imaginação é capaz de me dizer com clareza como esse ritual se dá, como ele é atroz. Sabe, nem isso tira o bom humor do nosso Pequeno Boxeador. Ele é muito, muito bonzinho. Ainda assim dá um trabalhão. Fico imaginando os bebês que não são assim tão bonzinhos...

De resto, ainda estamos lendo *Alice no País das Maravilhas*. Na última sessão, lemos aquele famoso diálogo entre Alice e o Gato risonho:

"Alice perguntou: 'Poderia me dizer, por favor, que caminho devo tomar para sair daqui?'

'Isso depende bastante de onde você quer chegar', disse o Gato.

'O lugar não me importa muito...', disse Alice.

'Então não importa que caminho você vai tomar', disse o Gato.

'... desde que eu chegue a algum lugar', acrescentou Alice em forma de explicação.

'Oh, você vai certamente chegar a algum lugar', disse o Gato, 'se caminhar bastante.'"

Filho, você gosta mais do papai ou da mamãe?

Noto que rola uma competição entre mim e a mãe do nosso Pequeno Boxeador: competimos para ver quem é mais "super", mais "mártir", mais "perfeito". Quem desperta primeiro quando ele, à noite, resmunga no berço? Quem é mais ágil na preparação da mamadeira da madrugada? Quem troca a fralda mais rapidamente? Quem fica mais exaurido depois de um final de semana prolongado? Quem consegue provocar nele mais gargalhada? Quem é mais generoso ao compartilhá-lo com os familiares e amigos? Quem é mais higiênico? Mais organizado? Quem almoça ou janta mais apressadamente para não deixá-lo abandonado? Quem... Nossa, será que um dia vamos chegar ao ponto de perguntar a ele: "Filho, de quem você gosta mais, do papai ou da mamãe?"

Além disso, será que ele, nosso herói, sai ganhando ou perdendo com essa competição, que em vários aspectos é muito divertida? De resto, João Pedro voltou a enfrentar o seu "probleminha" renal. Recentemente, teve uma nova infecção, totalmente controlada agora. O diagnóstico parece ser mesmo o tal refluxo urinário. O tratamento pode ser clínico ou cirúrgico. Ainda não dá para saber. Estamos, os médicos e nós, a Magie e eu, acompanhando bem de perto.

E você? De quem o seu bebê gosta mais? Confessa, vai!

A favor do Brasil, mas contra as vuvuzelas

Quem realmente gosta de bola costuma ter uma ligação mais apaixonada e intensa com o seu time do coração do que com a seleção brasileira. E comigo não é diferente. Quando o São Paulo tem um jogo importante, passo o dia inteiro tenso e nervoso. Mas quando é a seleção, mesmo em se tratando de uma Copa do Mundo, o envolvimento é muito, muito menor. A não ser quando estou torcendo contra... Vocês sabem, quem realmente gosta de bola tem sempre um bom motivo para torcer contra a seleção: não vai com a cara do técnico, não gosta deste ou daquele jogador, abomina a exploração política feita em nome do nacionalismo canarinho e assim por diante.

Mas na Copa de 2010, na África do Sul, torci a favor do Brasil. Era a minha primeira Copa do Mundo como pai. E nunca quis contaminar ou influenciar o nosso Pequeno Boxeador com sentimentos reativos ou rancorosos. Muito menos com mau humor. Quero que ele aprenda a torcer por um time e pela seleção com bom humor (algo que ele parece ter de sobra) e discernimento crítico. Se bem que não estou muito certo se vida de torcedor pode ter algo de discernimento crítico...

Em todo caso, se estive a favor do Brasil nessa Copa, estive contra as vuvuzelas — aquelas cornetas usadas pelos torcedores em jogos de futebol na África do Sul, que simplesmente se tornaram moda em todos os países que disputavam a Copa. O motivo era prosaico: quando elas soavam, infernais, nos prédios vizinhos e nas ruas, o Pequeno Boxeador ficava meio assustado, tinha sobressaltos. E se estava dormindo, acordava... Ah, não! Xô, vuvuzelas!

As imperfeições do dia a dia

Quando me dei conta de que, de fato, seria pai — há um ano e meio — entreguei-me a esta nova condição, animado por certo espírito platônico. Significava deixar meio de lado a experiência cotidiana e comezinha (o mundo sensível) e passar a conviver com a ideia do "superpai" que eu precisava ser e a ideia do "superfilho" que ele certamente seria — sendo uma coisa a consequência natural da outra. Esse ideário permaneceu flamejante até o momento em que o nosso Pequeno Boxeador finalmente nasceu.

Aí, as coisas começaram a mudar: sua súbita existência biológica, suas dobrinhas, seu cheirinho de azedo toda vez que emitia gases estomacais pela boca, suas fraldas transbordadas, seu regurgitamento comedido, mas regular, seu chorinho light, suas manhas, seu olhar intimador, seus sorrisos sedutores, sua necessidade de música para dormir, seu refluxo urinário, sua energia desmedida... Tudo isso foi rapidamente me resgatando do Topos Uranos platônico e nos limitando — à Magie e a mim — à fruição da condição humana, tal e qual descrita pelo resignado e sábio Montaigne, em seus *Ensaios*.

Em outras palavras, isso significava que, aos poucos, adequávamo-nos às imperfeições de uma paternidade/maternidade relativamente comum. Significava também que íamos diminuindo as expectativas em relação a um ser que começava a ganhar vida e identidade próprias de forma muito mais rápida do que jamais imaginamos.

No meu surto platônico, idealizei só envolvê-lo em brincadeiras inteligentes, didáticas e pedagógicas. Mas haja repertório! Idealizei nunca ter sono e estar sempre disponível, inteiro e atento. Mas haja preparo físico! Jamais imaginei trocar os seus olhinhos lindamente pidões por um lance de futebol na televisão. Mas haja resignação! Comecei a ler historinhas em inglês para ele ir se acostumando com a sonoridade de outra língua, a colocar música de ninar em francês com o mesmo propósito. Não perdia uma oportunidade de dar aulinha de matemática para que ele fosse desenvolvendo noções quantitativas. Haja paciência!

As mazelas e o prosaísmo do dia a dia, os deveres profissionais, os compromissos acadêmicos, a indolência, o e-mail, o Twitter, o Facebook, o esporte... tudo isso nos sorve e parece não haver outro jeito senão concordar com Montaigne, que é perfeitamente possível sentir-se plenamente adequado mesmo sem falar grego, mesmo que não gostemos tanto de ler, mesmo que não sejamos tão bons assim em matemática, mesmo que soltemos gases.

Mas sempre que estou com o Pequeno Boxeador e vejo a mim e a ele dando favas a Platão e caindo nos braços consoladores de Montaigne, um anjinho nietzschiano de voz meio rouca e petulante pousa em meu ombro e, bradando contra os inteligíveis platônicos e contra a apologia da vida ordinária de Montaigne, aponta para a necessidade de se buscar sempre uma cultura, uma perfeição superior. O importante — e espero que o Pequeno Boxeador um dia compartilhe isso comigo e com a sua mãe — é operar essa busca com indústria e com leveza, muita leveza.

E você? Como tem lidado com o imperfeccionismo da arte de criar filhos?

Locais para tratamentos

Confira alguns locais que oferecem tratamentos de Reprodução Humana, gratuitos ou a preços acessíveis:

Fonte: <www.bebe.abril.com.br>

SÃO PAULO
Hospital Pérola Byington

Como funciona: o tratamento é gratuito. Os interessados devem agendar uma consulta no hospital público de São Paulo. Para isso, basta ligar na terceira quarta-feira de cada mês, a partir das 8 horas, para os seguintes números: (11) 3112-1210 ou (11) 3104-2785. Entre quarenta e cinquenta pacientes são atendidas mensalmente. Após os exames e a visita ao médico, é necessário aguardar o tratamento numa fila de espera de até três anos. O critério de seleção é a ordem de chegada — não há análise socioeconômica. O programa já tem medicamentos incluídos e é válido para pessoas de qualquer parte do país.
Endereço: Rua Santo Antônio, 630 / Informações: hospitalperola@ig.com.br / Telefone: (11) 3248-8000 (PABX do hospital)

Hospital São Paulo

Como funciona: há desconto de até 60% no tratamento. No primeiro dia útil do mês, os interessados de todo o país podem ligar para a Central de Reprodução Humana, no número 0800-7723322, das 10h às 17h30. São aceitos novos pacientes até completar o número de vagas mensais, que varia de cinquenta a cem, dependendo da disponibilidade do hospital no período. Quem conseguir um lugar assistirá à palestra sobre a reprodução humana, marcada para o primeiro sábado do mês seguinte. Depois do encontro explicativo, os casais passam pelos exames e pela consulta médica e partem para o tratamento com profissionais da Universidade Federal de São Paulo (Unifesp). Não há fila de espera nem análise de renda. A fertilização *in vitro* custa de R$ 6 mil a R$ 7 mil, e a inseminação, R$ 2 mil, incluindo as medicações.

Projeto Beta

Como funciona: nessa iniciativa, localizada na capital paulista e fundada por especialistas da área e professores universitários, é oferecido um desconto de até 40% no tratamento. A primeira consulta custa R$ 170,00 e deve ser agendada pelo número (11) 3826-7017, de segunda à sexta das 8h às 17h30. O médico faz os exames básicos de fertilidade e marca o retorno dos pacientes. Ao voltar à clínica, o casal é entrevistado por um assistente social, que analisará a situação financeira e estipulará a porcentagem de desconto concedida. Há abatimento também nos medicamentos.

Pelo número telefônico, pode-se ainda reservar vaga para a palestra gratuita sobre técnicas de reprodução assistida que o Projeto promove uma vez ao mês. Sempre aos sábados, a partir das 9 horas, o encontro esclarece as principais dúvidas dos participantes sobre o assunto.

SANTO ANDRÉ
Faculdade de Medicina do ABC

Como funciona: há descontos de até 70% no tratamento. Professores e médicos residentes do hospital universitário atendem cerca de cem mulheres por mês. O agendamento da consulta, gratuita, é feito no número (11) 4993-5401, de segunda a sexta, das 8h às 17 horas. Estima-se em dez dias o tempo de espera para a primeira visita ao médico, que inclui uma palestra sobre a reprodução humana. Depois dos exames, não é necessário aguardar em uma fila para fazer o procedimento recomendado. O custo estimado da fertilização *in vitro* é de R$ 4 mil a R$ 5 mil e a inseminação sai por R$ 600, incluindo as medicações. Não há análise de renda. Os exames podem ser feitos pelo SUS ou pelo convênio médico e o programa atende casais de todo o país.

RIBEIRÃO PRETO
Hospital das Clínicas

Como funciona: o tratamento é gratuito e o serviço é exclusivo para pacientes do interior paulista. Os interessados devem ir a um posto de saúde em sua cidade, que encaminhará o pedido para a divisão regional até chegar ao hospital. Não há análise socioeconômica e a fila de espera é de cerca de um ano. Os tratamentos são realizados pelos professores e médicos residentes da instituição universitária. Os custos com medicamentos variam entre R$ 2 mil e R$ 3 mil e devem ser pagos pelo casal.

RIO DE JANEIRO
Projeto Vida

Como funciona: há tratamentos gratuitos e com desconto de 50%, mas apenas casais com renda até R$ 2,3 mil podem se inscrever no site da clínica carioca Pró Nascer (www.pronascer.com.br) para uma palestra sobre a reprodução humana, que acontece a cada dois meses. No encontro, com noventa casais, são sorteados dez tratamentos gratuitos, a serem realizados pelos profissionais da instituição, para pessoas com renda de até R$ 1,2 mil, e dez descontos de 50% para quem ganha entre R$ 1,2 mil e R$ 2,3 mil. Nesse caso, a tentativa da fertilização *in vitro* sai por R$ 3.960, parcelados em duas vezes. Os medicamentos não estão incluídos no valor.

TODO O PAÍS
Programa Acesso

Como funciona: é oferecido desconto de 50% e, para participar, é necessário que a renda do casal não ultrapasse R$

3.850,00. Não existe seleção, fila de espera e vagas delimitadas, mas é preciso comprovar os rendimentos e preencher um questionário disponível nas 72 clínicas conveniadas em todo o país. Para saber se existe alguma na sua cidade, basta acessar www.queroterumfilho.com.br ou ligar para o número 0800-113321. O programa foi criado pela Vidalink, uma empresa de gestão de benefícios de medicamentos, e tem o patrocínio do laboratório Merck Serono. O desconto é apenas para a fertilização *in vitro,* que custa entre R$ 9 mil e R$ 11 mil, incluindo os medicamentos. A primeira consulta, na qual o casal retira o formulário, é paga e varia de R$ 100 a R$ 280. Além do desconto, o programa permite o parcelamento no cartão de crédito em até 12 vezes.

Glossário

Conheça os termos e os procedimentos mais comuns e saiba em quais casos eles são indicados:

Antimulleriano: um exame de sangue simples, que deve ser feito entre o segundo e o quinto dia do ciclo menstrual, dosa a quantidade do hormônio antimulleriano (HAM) no corpo da mulher. O HAM é produzido pelas células que recobrem o folículo e é capaz de mostrar o estoque de células germinativas, além da qualidade de óvulos estocados. É considerado um marcador da fertilidade feminina.

Reprodução assistida: é um conjunto de técnicas, utilizadas por médicos especializados, que tem como principal objetivo tentar viabilizar a gestação em mulheres com dificuldades de engravidar.

Indução de ovulação e coito programado: é uma técnica de baixa complexidade, indicada basicamente quando a paciente apresenta ciclos menstruais irregulares, caracterizados por ausência da ovulação ou insuficiência hormonal (lútea). Sabe-se que o ciclo reprodutivo da mulher é comandado por hormônios produzidos em diversas partes do corpo. Quando há um desequilíbrio, a ovulação pode ficar desregulada ou até deixar de ocorrer. Com hormônios injetáveis ou via oral, estimula-se a liberação dos óvulos. A indução de ovulação é feita para cada paciente: os protocolos, doses e medicamentos a serem utilizados são elaborados dependendo do perfil de cada mulher. Depois disso, há um monitoramento por ultrassonografia para saber a resposta dos ovários aos estímulos. O médico costuma, é claro, recomendar a data ideal para o casal manter relações sexuais.

Inseminação artificial: consiste em extrair os melhores espermatozoides móveis do sêmen do parceiro ou doador através de técnicas de laboratório e, com ajuda de uma cânula, colocá-los dentro do útero e/ou trompas. Funciona assim: após a coleta do sêmen pelo próprio homem, os espermatozoides são preparados em laboratório e, no período da ovulação, injetados dentro do útero. O objetivo dessa técnica é promover o encontro das células reprodutoras masculinas com o óvulo, seja driblando problemas no aparelho reprodutor da mulher, seja melhorando a qualidade e a agilidade dos próprios espermatozoides. É uma técnica recomendada a casais sem grandes alterações aparentes, problemas de ovulação ou baixa quantidade de espermatozoide.

Fertilização in vitro (FIV): conhecida popularmente como "bebê de proveta", é um processo no qual o ovo é fertilizado pelo esperma fora do útero da mulher, *in vitro*. Estimula-se a ovulação e aspiram-se os óvulos por meio de uma agulha introduzida no canal vaginal (com anestesia local e sedação), enquanto os espermatozoides são recolhidos para fazer a fertilização do óvulo em laboratório. Depois, o embrião é transferido para o útero. A técnica é indicada, por exemplo, para mulheres com problemas nas trompas, como sequelas de infecções ou endometriose, e para pacientes que foram submetidas à ligadura.

Injeção intracitoplasmática de espermatozoides (ICSI): é a grande revolução em tratamentos de infertilidade. Ela funciona basicamente da mesma maneira que a fertilização *in vitro*. A principal diferença é que o espermatozoide é colocado dentro do óvulo por uma agulha com diâmetro quase oito vezes menor que um fio de cabelo. É indicado para homens que têm baixa quantidade ou não têm espermatozoides no esperma (apenas no testículo). Para extrair as células reprodutoras masculinas, há três procedimentos: *Pesa* (do inglês "percutaneous epydidimal sperm aspiration"), que consiste em aspirá-los do epidídimo (estrutura anexa ao testículo) com uma agulha fina e anestesia local; *Tesa* ("testicular sperm aspiration"), que as retira dos testículos também por aspiração; e *Tese* ("testicular sperm extraction"), na qual se extrai um pequeno pedaço do testículo para procurar espermatozoides no tecido.

Preservação da fertilidade

(a) *Congelamento de sêmen:* técnica bem estabelecida e com resultados bastante confiáveis. Geralmente, o sêmen é coletado por masturbação, preferencialmente em várias amostras. O material obtido é congelado a -196° C e armazenado por tempo indeterminado;

(b) *Congelamento de embriões:* neste caso, os embriões são obtidos através de fertilização *in vitro* e congelados em nitrogênio líquido a — 196°C por tempo indeterminado. Trata-se de uma técnica já consagrada e que gera taxas de gravidez ao redor de 40% após o descongelamento; porém, essa técnica somente será praticada se a mulher já estiver com o parceiro com o qual pretende formar uma família;

(c) *Congelamento de tecido ovariano:* é uma técnica ainda em estudo e que tem baixas taxas de sucesso, mas deve ser levada em consideração, principalmente nos casos de pacientes que não podem ser submetidos à indução de ovulação. O tecido ovariano é retirado através de uma cirurgia minimamente invasiva (videolaparoscopia) e, logo depois, o material obtido é fragmentado e congelado. Teoricamente, poderá ficar congelado por tempo indeterminado. Quando for utilizado, esse tecido será reimplantado no organismo. Para obter os óvulos após o reimplante, será necessária a realização de indução da ovulação nos moldes da fertilização *in vitro*;

(d) *Congelamento de óvulos:* esta técnica também é nova, mas possui resultados mais promissores que o congelamento de tecido ovariano. Neste caso, as pacientes são submetidas a uma indução de ovulação nos moldes da fertilização *in vitro*; é coletado o maior número de óvulos possíveis. Após sua captação, os óvulos são congelados e podem ser utilizados quando mais apropriado. Neste método não há necessidade de estar com o parceiro com o qual se pretende construir família. Além disso, os óvulos são "apenas" células e, diferentemente dos embriões, podem ser descartados se não forem mais desejados.

Blog Enfim, grávidos!

Enfim, grávidos! é o blog que escrevi sobre a gravidez da Magie e o nascimento do João Pedro, que deu origem a este livro. Ainda hoje, os posts, além de trazerem informações atualizadas sobre o Pequeno Boxeador, abordam questões ligadas à paternidade, da saúde à educação de filhos. Acesso pelo site www.bebe.abril.com.br

Este livro foi composto na tipologia Berkekey,
em corpo 12/18, e impresso em papel off-white 80g/m²
no Sistema Cameron da Divisão Gráfica
da Distribuidora Record.